김용재 코어 공무

회계 요약노트

찐으로 시험에 나오는 것만 담았다!

회계사 수석이 직접 만든
스피드 풀이법 전수!

공부할 때 부터
시험장까지 갖고 가는 노트!

김 용 재 편저

공단기
gong.conects.com

https://hmstory.kr

코어 회계학 요약노트의 특징

첫째, 수석 합격자의 핵심 비결은 요약노트!

많은 분들이 저에게 회계사 시험 수석 합격의 비결을 묻습니다. 저는 자신 있게 **'과목별 요약노트를 만든 것이 제 비결입니다.'**라고 말합니다. 저는 수험생 시절, 과목별로 요약노트를 만들었습니다. 제가 요약노트를 만든 것은 처음 본 시험에서 불합격의 고배를 마시면서 한 가지를 깨달았기 때문입니다.

'회계학은 단권화가 핵심이구나.'

기본서를 펴서 문제 유형을 하나씩 보면 다 이해가 되는데, 기본서가 워낙 두껍다 보니 시험 직전에 이 많은 내용을 보는 것이 불가능하다는 것을 깨달았습니다. 그리고 두 번째 준비한 시험에서는 기본 강의를 수강할 때부터 과목별로 요약노트를 만드는 작업을 시작했습니다. 확실하게 아는 내용은 넘기고, 시험에 자주 나오는 내용만 남겨서 과목별로 100페이지 정도의 분량으로 요약했습니다. 이 요약노트 덕분에 두 번째 시험에서는 시험 직전에 빠르게 회독 수를 늘릴 수 있었고, 압도적인 성적으로 합격할 수 있었습니다.

둘째, 공부할 때 항상 들고 다니는 얇은 교재!

'김용재의 수석 합격은 지하철에서 만들어졌다.'라고 얘기해도 무방할 만큼, 통학 시간 지하철에서 한 공부가 정말 큰 도움이 되었습니다. 집에서 학원까지 약 40분 정도 걸렸는데, 요약노트를 들고 다니면서 지난 시간에 배운 내용을 복습했습니다. 많이 압축하여 분량이 적었기 때문에 통학하는 시간에만 보더라도 상당히 많은 내용을 볼 수 있었습니다. 그 결과 기본 강의를 완강한 시점에 1차 시험을 충분히 합격할 수 있는 실력을 갖출 수 있었습니다.

여러분들도 언제, 어디서든 편하게 보실 수 있게끔 요약노트를 얇게 집필하였습니다. 저처럼 이 교재를 항상 들고 다니면서 자주 보시기 바랍니다. 두꺼운 기본서로 공부하는 다른 수험생에 비해 회독수가 압도적으로 차이날 것입니다.

셋째, 시험장까지 들고 가는 교재!

저는 수험생 시절 시험장에 캐리어를 들고 오시는 분을 봤습니다. 과목별로 한 권씩만 들고 와도 기본서가 워낙 두껍다보니 어쩔 수 없었겠지요. 저는 그분을 보며 생각했습니다.

'저 방대한 교재 중에서 저분이 오늘 과연 얼마나 볼 수 있을까?'

과목별로 핵심만 요약한 교재가 없었기 때문에 벌어진 일입니다. 이를 막기 위해서 시험장에 들고 갈 얇은 교재가 반드시 필요합니다. 이 역할을 하는 것이 코어 회계학 요약노트입니다. 회계학은 시험장에 이 요약노트 하나만 들고 가시면 됩니다. 평상시에 항상 들고 다니면서 자주 보시고, 시험장에서도 보시기 바랍니다.

머리말

PREFACE

본 교재의 내용

이 교재는 기본서인 코어 회계학과 심화서인 파워 회계학의 요약집입니다. 본 교재에서는 아래 4개의 교재에서 다룬 내용을 요약하였습니다. 원가관리회계와 정부회계는 심화서가 없기 때문에 파워 회계학은 재무회계편만 있습니다.

① 코어 공무원 회계학 재무회계편 (기본서)
② 파워 공무원 회계학 재무회계편 (심화서)
③ 코어 공무원 회계학 원가관리회계편
④ 코어 공무원 회계학 정부회계편

파워 회계학에서 다룬 내용은 요약노트에 전부 심화 표시하였습니다. 코어 회계학만 배우신 분께서는 심화 내용을 일단 넘어가시고, 파워 회계학을 공부하신 다음에 심화 내용을 학습하시기 바랍니다.

코어 회계학 요약노트 활용법

본 교재는 요약노트입니다. 따라서 결론만 담고 있습니다. 결론이 이해가 되지 않는 부분은 코어 회계학이나 파워 회계학의 설명을 참고하시기 바랍니다. 여러분께서 쉽게 찾을 수 있도록 요약노트의 번호를 최대한 코어 회계학과 파워 회계학의 번호와 같게 집필하였습니다. 가령, 1장의 '[1] 회계의 분류'는 코어 회계학에서도 1장의 [1]에 배치하였습니다. 따라서 상세한 설명이 필요한 부분은 코어 회계학이나 파워 회계학의 같은 번호를 찾으시면 됩니다.

목 차

CONTENTS

Part 01. 재무회계

CHAPTER 01 재무회계의 기초

1. 회계의 분류 12
2. 한국채택국제회계기준(K - IFRS) 12
3. 재무제표 작성 및 감사 과정 13
4. 재무제표의 종류 14
5. 재무상태표 및 손익계산서 표시 방법 14
6. 계속기업 가정 15
7. 재무제표 일반사항 16

CHAPTER 02 복식부기 및 재무비율

1. 기본강의 복습 17
2. 재무비율 17

CHAPTER 03 개념체계

1. 개념체계의 의의 19
2. 재무정보의 질적 특성 중요! 19
3. 근본적 질적 특성 20
4. 보강적 질적 특성 20
5. 재무정보의 측정 기준 심화 21
6. 재무제표의 요소 심화 23

CHAPTER 04 재고자산

1. 재고자산의 매입 및 매출 중요! 25
2. 재고자산 관련 비율 중요! 25
3. 원가흐름의 가정 27
4. 저가법 중요! 29
5. 재고자산에 포함될 항목 32
6. 소매재고법 심화 33

CHAPTER 05 유형자산

1. 유형자산의 취득원가 35
2. 일괄취득 및 토지에 대한 지출 36
3. 교환 37
4. 감가상각 38
5. 감가상각의 변경 중요! 40
6. 원가모형 손상차손 중요! 41
7. 재평가모형 42
8. 차입원가 자본화 심화 45
9. 정부보조금 심화 47

CHAPTER 06 투자부동산

1. 투자부동산의 측정 모형 중요! 48
2. 투자부동산의 분류 심화 48
3. 투자부동산 계정 대체 심화 49

CHAPTER 07 무형자산

1. 연구단계 vs 개발단계 50
2. 무형자산의 인식 51
3. 무형자산의 평가 심화 52
4. 내용연수가 비한정인 무형자산 심화 52

CHAPTER 08 현금성자산 및 대손

1. 현금 및 현금성자산 53
2. 은행계정조정표 53
3. 대손 심화 54

목 차

CONTENTS

CHAPTER 09 금융부채

1.할인발행 vs 액면발행 vs 할증발행 중요! 57
2.유효이자율법 계산문제 출제 사항 58

CHAPTER 10 금융자산

1. 지분상품의 분류 60
2. 지분상품 회계처리 중요! 60
3. 채무상품의 분류 62
4. 채무상품 회계처리 심화 62

CHAPTER 11 자본

1. 자본의 구성요소 66
2. 유상증자 68
3. 자본이 불변인 자본거래 중요! 69
4. 자기주식 거래 70
5. 감자 심화 71
6. 이익잉여금의 처분 71
7. 자본거래가 자본에 미치는 영향 72
8. 자본의 변동을 가져오는 거래 73
9. 자본의 증감 중요! 73
10. 배당액의 배분 심화 74
11. 상환우선주 심화 75

CHAPTER 12 수익

1. 수익의 정의 76
2. 수익인식의 5단계 중요! 76
3. 1단계 - 계약의 식별 76
4. 2단계 - 수행의무의 식별 심화 77
5. 3단계 - 거래가격의 산정 78
6. 4단계 - 거래가격의 배분 심화 79
7. 5단계 - 수익의 인식 80

CHAPTER 13 회계변경 및 오류수정

1. 회계변경 및 오류수정 81
2. 회계추정의 변경: 전진법 81
3. 회계정책의 변경: 소급법 81
4. 자동조정오류 82
5. 비자동조정오류 84
6. 회계변경 및 오류수정 말문제 대비용 기타 사항 심화 86

CHAPTER 14 현금흐름표

1. 현금흐름의 구분 87
2. 현금주의와 발생주의 간의 전환 89
3. 영업활동 현금흐름 - 간접법 중요! 90
4. 영업활동 현금흐름 - 직접법 중요! 92
5. 투자활동 및 재무활동 현금흐름 심화 93
6. 자산, 부채의 증감을 알 수 없는 경우 95
7. 현금흐름표 기타사항 심화 95

CHAPTER 15 기타회계

1. 충당부채 96
2. 주당순이익(eps) 99
3. 법인세회계 101
4. 합병 및 지분법 102

목 차

CONTENTS

Part 02. 원가관리회계

CHAPTER 01 원가회계의 기초

1. 원가회계의 개념 106
2. 원가의 분류 106
3. 제조원가의 분류 107
4. 제조원가의 흐름 ★중요! 108

CHAPTER 02 보조부문원가의 배부

1. 보조부문원가의 배부 110
2. 보조부문이 1개일 때 110
3. 보조부문이 2개일 때 111

CHAPTER 03 변동원가

1. 원가계산의 구분 113
2. 전부원가계산과 변동원가계산의 손익계산서 114
3. 생산량 증가가 원가계산방법별 이익에 미치는 영향 114
4. 변동원가계산과 전부원가계산의 이익 차이 ★중요! 115
5. 전부원가계산과 변동원가계산의 의의과 한계 115

CHAPTER 04 CVP분석

1. 공헌이익률, 변동비율 116
2. 손익분기점 및 목표이익 CVP분석 ★중요! 116
3. 안전한계와 영업레버리지도 118
4. 완화된 가정의 CVP 분석 심화 118
5. 복수제품 CVP 분석 심화 119

CHAPTER 05 고저점법

1. 고저점법 120

CHAPTER 06 종합원가

1. 종합원가 121
2. 종합원가 풀이법 121
3. 평균법과 선입선출법의 완성품환산량 차이 심화 123
4. 공손 124

CHAPTER 07 결합원가

1. 순실현가치법(NRV법) 125
2. 균등이익률법 126
3. 분리점에서의 판매가치법 심화 127

CHAPTER 08 표준원가

1. 차이분석 128
2. 직접재료원가 차이분석 129
3. 직접노무원가 차이분석 129
4. 고정제조간접원가 차이분석 130

CHAPTER 09 개별원가

1. 개별원가의 개념 131
2. 실제개별원가계산 131
3. 정상개별원가계산 ★중요! 132

CHAPTER 10 활동기준원가

1. 활동기준원가 134
2. 활동기준원가의 특징: 고성능, 고비용 134

목 차

CONTENTS

CHAPTER 11 기타 관리회계

1. 관련원가 135
2. 성과평가 136

Part 03. 정부회계

CHAPTER 01 정부회계

1. 정부회계의 특징 140
2. 정부회계의 목적 140
3. 정부회계기준의 체계 141

CHAPTER 02 정부회계 총칙

1. 일반원칙(국가 = 지자체) 142
2. 정부회계의 재무제표 142
3. 재무제표의 작성원칙 143
4. 국가회계의 체계 143
5. 국가회계실체의 분류 ★중요! 144
6. 지자체회계의 체계 144

CHAPTER 03 재정운영표 및 순자산변동표

1. 재정운영표의 정의 146
2. 중앙관서 및 기금의 재정운영표 ★중요! 146
3. 국가의 재정운영표 148
4. 지자체회계의 재정운영표 149
5. 순자산변동표 149
6. 수익의 구분 및 수익의 인식기준 151
7. 국고금회계 153

CHAPTER 04 재정상태표

1. 재정상태표의 특징 154
2. 재정상태표의 구성요소 154
3. 자산, 부채의 인식기준 154
4. 국가회계와 지자체회계의 재정상태표 비교 155
5. 자산의 구성요소 156
6. 부채의 구성요소 156

CHAPTER 05 자산과 부채의 평가

1. 자산의 평가 157
2. 부채의 평가 160
3. 기타 자산 및 부채의 평가 162
4. 회계변경과 오류수정 = 기업회계 163

CHAPTER 06 기타 재무제표 및 결산절차

1. 기타 재무제표 164
2. 재무제표의 부속서류 – 필수보충정보, 부속명세서 165
3. 결산과정 166

수석 합격의 핵심 비법!
무한 반복 학습을 도와줄
획기적인 요약서

김 용 재

코어 공무원 회계학

요 약 노 트

P·A·R·T

01

재무회계

Chapter 01. 회계와 재무제표
Chapter 02. 복식부기 및 재무비율
Chapter 03. 개념체계
Chapter 04. 재고자산
Chapter 05. 유형자산
Chapter 06. 투자부동산
Chapter 07. 무형자산
Chapter 08. 현금성자산
Chapter 09. 금융부채
Chapter 10. 금융자산
Chapter 11. 자본
Chapter 12. 수익
Chapter 13. 회계변경 및 오류수정
Chapter 14. 현금흐름표
Chapter 15. 기타회계

CHAPTER
01 재무회계의 기초

1 회계의 분류

	재무회계	관리회계
정보이용자	외부정보이용자: 주주, 채권자 등	내부정보이용자: 경영진
회계 구분	일반목적회계	특수목적회계
보고서	재무제표	특정한 양식 X

· 보고기업의 경영진은 재무제표에 의존할 필요가 없음

2 한국채택국제회계기준(K - IFRS)

1. K – IFRS 적용의 의의: 재무제표의 신뢰도 향상

2. K – IFRS의 적용 대상: 모든 기업이 적용하는 것은 아님!

3. K – IFRS의 특징

일반기업회계기준	IFRS
개별재무제표를 주 재무제표로 함	연결재무제표를 주 재무제표로 함
취득원가 중심	**공정가치** 평가 확대
규칙 중심 (rule): 구체적인 세부 지침 기술	원칙 중심 (principle): 넓은 대원칙만 기술

3 재무제표 작성 및 감사 과정

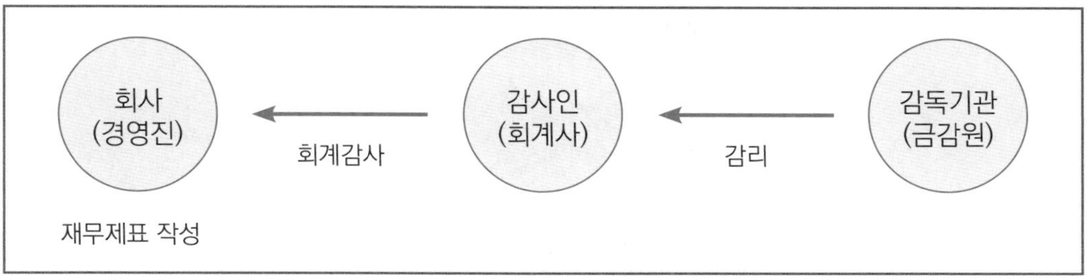

1. 경영진의 재무제표 작성: 경영진에게 재무제표의 작성 책임이 있음

2. 외부감사인(회계사)에 의한 회계감사

(1) **모든 기업이 회계감사를 받는 것은 아님**

(2) **회계사는** 경영진이 작성한 재무제표를 감사하는 것이지, **재무제표를 작성하지 않음**

3. 회계감사의 의의 및 한계

(1) 의의: 재무제표의 신뢰성 제고

(2) 한계: 재무구조의 건전성 및 투자 안전성을 담보하진 않음

4. 감독기관(금융감독원)의 감리

4 재무제표의 종류

〈재무제표의 종류〉

(1) 재무상태표
(2) 포괄손익계산서
(3) 현금흐름표
(4) 자본변동표
(5) 주석
• 재무제표에 주석도 포함!

5 재무상태표 및 손익계산서 표시 방법

1. 재무상태표: 유동·비유동 배열법 vs 유동성 순서 배열법

유동·비유동 배열법	유동성 순서 배열법
유동항목과 비유동항목을 구분하여 표시	유동성이 높은 항목부터 차례로 표시
유동항목이 반드시 먼저 표시될 필요는 없음	
이연법인세자산, 부채: **비유동** 항목으로 분류	
유동성 순서 배열법이 더욱 목적적합한 경우를 제외하고 **유동·비유동 배열법** 적용	

2. 손익계산서: 기능별 분류 vs 성격별 분류

기능별 분류와 성격별 분류 가운데 더 신뢰성 있고 목적적합한 방법을 선택하여 적용 가능

기능별 분류(= 매출원가법)	성격별 분류
비용을 **매출원가**, 물류원가, 관리활동원가 등으로 구분하는 방법	비용을 그 성격(예 원재료의 구입, 감가상각비, 급여 등)별로 표시하는 방법
더욱 **목적적합**한 정보를 제공	미래 **현금흐름** 예측에 용이
자의적인 판단 개입	
기능별 분류 시 **성격별** 분류 정보를 추가로 주석에 공시	

※ 주의 기업은 B/S, I/S 모두 두 가지 표시방법 가운데 선택 가능!

3. 영업이익

- 기업은 **영업이익(=매출액-매출원가-판관비)**을 구분 표시
- 성격별 분류 시 영업이익(=영업수익-영업비용)으로 구분 표시 가능
- 일반적으로 **이자손익과 유형자산처분손익은 영업외손익**으로 분류(감가상각비: 판관비⟨-⟩현금흐름표)

6 계속기업 가정

1. 계속기업 가정의 정의: 보고기업이 예측가능한 미래에 영업을 계속할 것이라는 가정

2. 계속기업 가정: 재무제표 작성의 기본 전제

경영진이 기업을 청산하거나 경영활동을 중단할 의도를 가지고 있지 않거나, 청산 또는 경영활동의 중단 외에 다른 현실적 대안이 없는 경우가 아니면 계속기업을 전제로 재무제표를 작성

3. 경영진에 의한 계속기업 가정 평가

계속기업의 가정이 적절한지의 여부를 평가할 때 경영진은 적어도 보고기간말로부터 향후 12개월 기간에 대하여 이용가능한 모든 정보를 고려

4. 계속기업 관련 중요한 불확실성

(1) 계속기업으로서의 존속능력에 대한 중요한 불확실성을 알게 된 경우 경영진은 그러한 불확실성을 공시
(2) 재무제표가 계속기업의 기준하에 작성되지 않는 경우에는 그 사실과 함께 재무제표가 작성된 기준 및 그 기업을 계속기업으로 보지 않는 이유를 공시

5. 계속기업 가정을 전제로 한 회계정책 심화

(1) 수익·비용 대응
(2) 역사적 원가 및 감가상각
(3) 유동 및 비유동 구분

7 재무제표 일반사항

1. 특별손익, 부적절한 회계정책: 불가능!

- 특별손익은 주석에도 표시 X

2. 구분과 통합 표시

(1) 유사한 항목은 중요성 분류에 따라 재무제표에 구분 표시

(2) 상이한 성격이나 기능을 가진 항목은 구분 표시. 다만 중요하지 않은 항목은 성격이나 기능이 유사한 항목과 통합 표시 가능

3. 상계

(1) 기준서에서 요구하거나 허용하지 않는 한 자산과 부채, 수익과 비용 상계 X

(2) 평가충당금을 차감하여 관련 자산을 순액으로 측정: 상계에 해당 X

예 재고자산에 대한 재고자산평가충당금, 매출채권에 대한 대손충당금 ★중요!

4. 발생기준: 기업은 현금흐름 정보를 제외하고는 발생기준 회계를 사용하여 재무제표 작성 ★중요!

5. 비교정보 심화

한국채택국제회계기준이 달리 허용하거나 요구하는 경우를 제외하고는 당기 재무제표에 보고되는 모든 금액에 대해 전기 비교정보를 표시

당기 재무제표를 이해하는 데 목적적합하다면 서술형 정보의 경우에도 비교정보를 포함

6. 보고빈도 심화

- 전체 재무제표는 적어도 1년마다 작성
- 중간재무제표: 분기, 반기별로 작성하는 재무제표
- 보고기간종료일을 변경하는 경우에는 보고기간이 1년을 초과하거나 미달할 수 있음. 이 경우 초과 또는 미달 사실과 함께 그 이유를 추가로 공시

CHAPTER 02 복식부기 및 재무비율

1 기본강의 복습

1. 회계상의 거래: 단순 계약은 거래가 아니다!

2. 시산표의 작성으로 발견할 수 있는 오류: 대차가 일치하지 않는 오류

2 재무비율

안전성 비율	(1) 유동비율	유동자산/유동부채
	(2) 당좌비율	당좌자산/유동부채 (당좌자산 = 유동자산 - 재고자산)
	(3) 부채비율	부채/자본
	(4) 이자보상비율	영업이익/이자비용
수익성 비율	(1) 매출액순이익률	당기순이익/매출액
	(2) 총자산이익률	당기순이익/평균 자산
	(3) 자기자본이익률	당기순이익/평균 자기자본
활동성 비율	(1) 총자산회전율	매출액/평균 자산
	(2) 매출채권회전율	매출액/평균 매출채권
	(3) 재고자산회전율	매출원가/평균 재고자산
	(4) 매입채무회전율	매입액/평균 매입채무

1. 유동항목 vs 비유동항목

(1) 일반적 기준: 1년보다 짧으면 유동, 1년보다 길면 비유동

(2) 문제 풀이 시: 발생주의 계정들(~수익, ~비용, ~금으로 끝나는 계정)은 전부 유동항목으로 분류

2. 재무비율 계산문제 풀이방법 ★중요!

STEP 0 문제에서 물어본 금액(NI)을 구할 수 있는 재무비율을 찾기

STEP 1 해당 재무비율의 공식 쓰기 ex〉 매출액순이익률=NI/매출액

- 실전에서 공식이 생각나지 않는다면 과감히 포기!

STEP 2 필요한 금액이 들어간 다른 재무비율 찾기

- ex〉 매출채권회전율=매출액/평균 매출채권, 평균 매출채권 제시

STEP 3 그 재무비율에서 필요한 금액 (매출액) 구하기

STEP 4 구한 금액(매출액)을 재무비율(NI/매출액)에 대입하여 답(NI) 구하기

HONEY 김수석의 꿀팁! 유동비율과 당좌비율을 활용하여 재고자산 구하기 심화

재고자산 = (유동비율 – 당좌비율)*유동부채

3. 분자와 분모가 동일하게 변동하는 경우 ★중요!

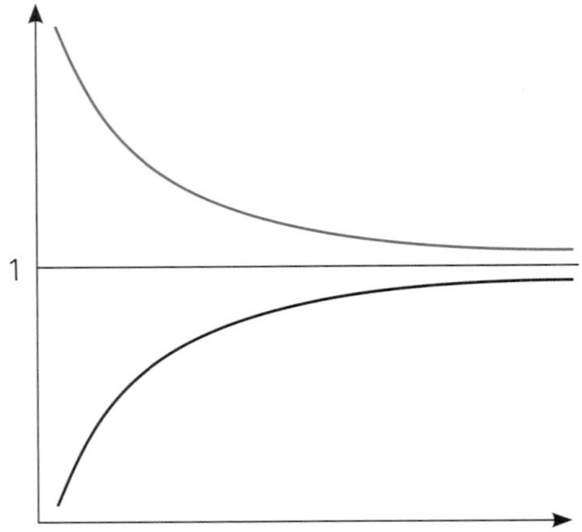

	분자, 분모가 증가	분자, 분모가 감소
비율이 100% 이상	감소	증가
비율이 100% 이하	증가	감소

CHAPTER 03 개념체계

1 개념체계의 의의

1. 개념체계의 위상: 회계기준 우선

'개념체계'의 어떠한 내용도 회계기준이나 회계기준의 요구사항에 우선하지 아니함

2. 포괄적 제약요인: 원가 제약

3. 일반목적재무보고의 한계: 추정 개입

재무보고서는 정확한 서술보다는 상당 부분 추정, 판단 및 모형에 근거함

2 재무정보의 질적 특성 ★중요!

1. 질적 특성의 종류: 목표, 비검적이

근본적 특성	목적적합성	예측가치, 확인가치, 중요성
	표현충실성	완전한 서술, 중립적 서술, 오류 없는 서술
보강적 특성	비교가능성	유사점과 차이점을 식별하고 이해
	검증가능성	표현충실성에 있어 합의에 이를 수 있음
	적시성	정보를 제때에 이용가능하게 하는 것
	이해가능성	정보를 명확하고 간결하게 분류하고, 특징지으며, 표시하는 것

2. 재무정보의 질적 특성 오답 유형 Top 3

① 보강적(or 근본적) 특성에 대한 문제에서 근본적(or 보강적) 특성에 대한 올바른 문장 제시
② A는 B의 특성을 지닌다.
③ A는 A가 아니다.

3 근본적 질적 특성

1. 목적적합성: 예측가치, 확인가치, 중요성

(1) 목적적합한 재무정보는 정보이용자의 **의사결정에 차이가 나도록 할 수 있다.**

(2) 재무정보에 예측가치, 확인가치 또는 이 둘 모두가 있다면 그 재무정보는 의사결정에 차이가 나도록 할 수 있다.

(3) 예측가치

① 이용자들이 미래 결과를 예측하기 위해 사용하는 절차의 투입요소로 재무정보가 사용될 수 있다면, 그 재무정보는 예측가치를 갖는다.

② 재무정보가 예측가치를 갖기 위해서 그 자체가 예측치일 필요는 없다.

(4) 확인가치: 재무정보가 과거 평가에 대해 피드백을 제공한다면 확인가치를 갖는다.

(5) **중요성:** 기업에 특유한 측면의 목적적합성

- 중요성은 회계기준위원회에서 사전에 획일적으로 정해놓을 수 없음!

2. 표현충실성

(1) 완전한 서술: 이용자가 서술되는 현상을 이해하는 데 필요한 모든 정보를 포함하는 것

(2) 중립적 서술: 재무정보의 선택이나 표시에 편의가 없는 것.

- 목적이 없거나 행동에 대한 영향력이 없는 정보를 의미하지 않음!

(3) 오류 없는 서술: 표현충실성은 모든 면에서 정확한 것을 의미하지는 않는다.

- 오류가 없다는 것은 현상의 기술에 오류나 누락이 없고, 사용되는 절차상 오류가 없음을 의미

4 보강적 질적 특성

1. 비교가능성

(1) 비교가능성이란?: 이용자들이 항목 간의 유사점과 차이점을 식별하고 이해할 수 있게 하는 질적 특성

(2) 하나의 경제적 현상에 대해 대체적인 회계처리방법을 허용하면 비교가능성은 **감소**

(3) 일관성은 비교가능성과 관련은 있지만 **동일하지는 않다.**

- 비교가능성은 목표이고, 일관성은 수단이다.

(4) 비교가능성은 통일성이 아니다.

2. 검증가능성

(1) 검증가능성이란?: 합리적인 판단력이 있고 독립적인 서로 다른 관찰자가 어떤 서술이 표현충실성에 있어, 비록 반드시 완전히 의견이 일치하지는 않더라도, 합의에 이를 수 있다는 것

(2) 계량화된 정보가 검증가능하기 위해서 **단일 점추정치이어야 할 필요는 없다.**

3. 적시성: 정보를 제때에 이용가능하게 하는 것

4. 이해가능성

(1) 정보를 명확하고 간결하게 분류하고, 특징지으며, 표시하는 것은 정보를 이해가능하게 한다.

5. 보강적 질적 특성의 적용: 근본적 질적 특성 우선!

(1) 근본적 질적 특성은 보강적 질적 특성에 우선한다.
보강적 질적 특성은, 정보가 목적적합하지 않거나 나타내고자 하는 바를 충실하게 표현하지 않으면 그 정보를 유용하게 할 수 없다.

(2) 하나의 보강적 질적 특성이 다른 질적 특성의 극대화를 위해 감소될 수도 있다.
보강적 질적특성을 적용하는 것은 어떤 규정된 순서를 따르지 않는 반복적인 과정이다. 때로는 하나의 보강적 질적특성이 다른 질적특성의 극대화를 위해 감소되어야 할 수도 있다.

5 재무정보의 측정 기준 심화

1. ~원가 vs ~가치

	~원가(취득 시 지급액)	~가치(처분 시 수령액)
과거	역사적 원가	
현재	현행원가	공정가치
미래		사용가치

2. 역사적 원가 vs 현행가치

역사적 원가 (과거)		취득	과거에 주고 산 금액
현행가치 (현재)	**공정가치**	처분	지금 시장에서 정상적으로 팔 때의 금액
	사용가치 및 이행가치	처분	미래에 쓰다가 파는 금액의 PV
	현행원가	취득	지금 새로 살 때의 금액

3. 역사적 원가

(1) 역사적 원가의 정의: 과거에 주고 산 금액

① 자산의 역사적 원가: 자산의 취득에 발생한 원가의 가치로서, 자산을 취득하기 위하여 지급한 대가와 거래원가 포함

② 부채의 역사적 원가: 부채를 발생시키거나 인수하면서 수취한 대가에서 거래원가를 차감한 가치

(2) 현행가치와 달리 역사적 원가는 자산의 손상이나 손실부담에 따른 부채와 관련되는 변동을 제외하고는 가치의 변동을 반영 X

(3) 역사적 원가 측정의 사례: **상각후원가** ★중요!

4. 공정가치(FV, Fair Value)

(1) 공정가치의 정의: 지금 시장에서 정상적으로 팔 때의 금액

측정일에 시장참여자 사이의 정상거래에서 자산을 매도할 때 받거나 부채를 이전할 때 지급하게 될 가격

(2) 시장참여자의 관점 반영

5. 사용가치(자산) 및 이행가치(부채)

(1) 사용가치: 미래에 쓰다가 파는 금액의 PV

기업이 자산의 사용과 궁극적인 처분으로 얻을 것으로 기대하는 현금흐름 또는 그 밖의 경제적효익의 현재가치

(2) 이행가치: 기업이 부채를 이행할 때 이전해야 하는 현금이나 그 밖의 경제적자원의 현재가치

(3) 거래원가: 현재 거래원가는 포함 X, 미래 거래원가는 포함 O 심화

(4) 기업 특유의 가정 반영 & 현금흐름기준 측정기법으로 결정

6. 현행원가

(1) 현행원가의 정의: 지금 새로 살 때의 금액

① 자산의 현행원가: 측정일 현재 동등한 자산의 원가로서 측정일에 지급할 대가와 그 날에 발생할 거래원가를 포함

② 부채의 현행원가: 측정일 현재 동등한 부채에 대해 수취할 수 있는 대가에서 그 날에 발생할 거래원가를 차감.

(2) 측정일의 조건 반영 (↔역사적 원가)

김수석의 꿀팁! 거래원가: ~원가에는 반영 O, ~가치에는 반영 X

- 자산의 역사적 원가, 현행원가: 거래원가 포함
- 부채의 역사적 원가, 현행원가: 거래원가 차감
- 공정가치와 사용가치 및 이행가치: 거래원가로 인해 증가하거나 감소 X

6 재무제표의 요소 심화

1. 자산

(1) 자산: 과거사건의 결과로 기업이 통제하는 현재의 경제적자원

(2) 경제적자원: 경제적효익을 창출할 잠재력을 지닌 권리

① 권리

② 경제적효익을 창출할 잠재력

③ 통제

- 법적 소유권이 있어야만 통제가 가능한 것은 아님

2. 부채

(1) 부채의 정의: 과거사건의 결과로 기업이 경제적자원을 이전해야 하는 현재의무

(2) 부채가 존재하기 위한 세 가지 조건

① 기업에게 의무가 있다.

② 의무는 경제적자원을 이전하는 것이다.

③ 의무는 과거사건의 결과로 존재하는 현재의무이다.

3. 자본: 주식의 시가와 동일하지 않음!
자본의 정의: 기업의 자산에서 모든 부채를 차감한 후의 잔여지분

4. 수익: 자본청구권 보유자의 출자와 관련된 것은 제외!

5. 비용: 자본청구권 보유자에 대한 분배와 관련된 것을 제외!

CHAPTER 04

재고자산

1 재고자산의 매입 및 매출 ★중요!

재고자산 순매입액 = 매입가액 + 취득 부대비용 - 매입에누리 - 매입환출 - 매입할인 - 리베이트
(순)매출액 = 총매출액 - 매출에누리 - 매출환입 - 매출할인 - 리베이트

	매입	매출
관련비용 (예 운임)	매입에 가산	매출과 무관 (당기비용)
에누리, 할인, 환입/환출	매입 및 매출 차감	

1. 재고자산 항등식 ★중요!

재고자산 항등식: 매출원가 = 기초 재고 + 매입액 - 기말 재고

2. 매출총이익

매출총이익 = 매출액 - 매출원가

2 재고자산 관련 비율 ★중요!

1. 매출총이익률과 원가 기준 이익률

매출총이익률 = 매출총이익/매출액
원가 기준 이익률 = 매출총이익/매출원가

매출총이익률이 제시된 경우에는 매출액을 1로 보고, 원가 기준 이익률이 제시된 경우에는 매출원가를 1로 보자.

2. 이익률 문제에서 화재, 도난 등이 발생한 경우 재고자산 손실액 중요!

STEP 1 매출원가 구하기

매출원가 = 매출액*(1 − 매출총이익률) or

매출원가 = 매출액/(1 + 원가 기준 이익률)

STEP 2 손실 전 재고자산 구하기

손실 전 재고자산 = 기초 재고자산 + 매입액 − 매출원가

STEP 3 손실액 구하기

손실액 = 손실 전 재고자산 − 손실 후 남은 재고자산 or

= 손실 전 재고자산 × 손실률

3. 회전율과 회수기간

(1) 회전율

매출채권회전율 = 매출액/(평균)매출채권
재고자산회전율 = 매출원가/(평균)재고자산

(2) 회수기간 심화

매출채권회수기간 = 365일 ÷ 매출채권회전율
재고자산처리기간 = 365일 ÷ 재고자산회전율
정상영업주기 = 매출채권회수기간 + 재고자산처리기간

3 원가흐름의 가정

1. 계속기록법과 실지재고조사법

(1) 계속기록법

매출이 발생할 때마다 매출원가 회계처리를 하는 방법

(2) 실지재고조사법

판매할 때 재고자산 회계처리를 생략하고 매출 회계처리만을 한 뒤, 기말에 실사를 수행하여 기말에 남은 재고 이외의 금액을 전부 매출원가로 계상하는 방식

실지재고조사법 기말수정분개: 재고자산 T계정을 거꾸로!

(차) **매출원가**	XXX	(대) 재고	기초 재고액
(차) 재고	기말 실사액	(대) 매입	매입액

2. 선입선출법(FIFO)

(1) 먼저 구입한 순서대로 먼저 판매되었다고 가정하는 방법

(2) 실제 물량흐름과 가장 비슷한 방법

(3) 계속기록법과 실지재고조사법의 차이가 없음

김수석의 핵심 콕! **선입선출법 적용 시 풀이법**

① 매출원가 = 기초 재고부터 매입액을 순차적으로 가산
② 기말 재고자산 = 가장 마지막 매입부터 역순으로 가산

3. 총평균법: 실지재고조사법&평균법

① 기말 재고자산 = 판매가능상품 금액 × 기말 수량/판매가능상품 수량

② 매출원가 = 판매가능상품 금액 × 판매 수량/판매가능상품 수량

4. 이동평균법: 계속기록법&평균법 심화

이동평균법 문제는 넘기고 시간이 남으면 다시 돌아와서 풀자!

일 자	수량	단가	금액	잔액	잔량(먼저!)
1월 1일	150개	₩100	15,000		
1월 15일	50개	₩140	7,000	㉠22,000	①200
1월 20일	(100개)		ⓐ(11,000)	㉡11,000	②100
1월 25일	100개	₩150	15,000	㉢26,000	③200
1월 28일	(100개)		ⓑ(13,000)	㉣13,000	④100

Step 1. 잔액, 잔량 표 그리기
Step 2. 잔량 구하기 (①~④)
Step 3. 잔액 구하기 (㉠~㉣)
Step 4. 매출원가 구하기 (ⓐ + ⓑ)

김수석의 핵심 콕! 원가흐름의 가정 요약★중요!

	계속기록법	실지재고조사법
FIFO	FIFO	
평균법	이동평균법	총평균법

(1) FIFO: 먼저 산 건 매출원가, 늦게 산 건 기말 재고
(2) 총평균법: 기초 + ∑매입을 전체 매출 수량으로 한 번에 매출원가 구하기.
(3) 이동평균법: 잔액, 잔량 표 그려서 매출 별로 매출원가 구하기.

5. 후입선출법(LIFO): IFRS에서 인정 X!

6. 매입 단가 변동 시 원가흐름의 가정 비교 심화

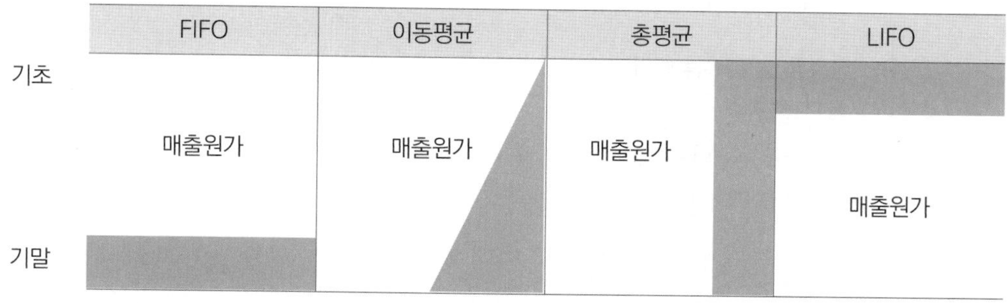

(1) FIFO: 먼저 산 것은 먼저 팔렸다고 가정하므로 마지막 매입분이 기말 재고로 남음.

(2) 이동평균법: 매출이 발생할 때마다 평균을 내므로 고르게 팔리긴 하지만, 기초 재고가 상대적으로 많이 팔렸다고 가정하므로, 기말 재고는 비교적 마지막 매입분이 많이 남음.

(3) 총평균법: 기초 재고부터 마지막 매입분까지 전체를 평균 내므로 판매가능상품 전체의 평균으로 기말 재고가 계상됨.

(4) LIFO: 마지막에 산 것이 먼저 팔렸다고 가정하므로 기초 재고가 그대로 기말 재고로 남음.

|파이총라| (최근) FIFO – 이동평균 – 총평균 – LIFO (과거)

매입 단가 상승 시	기말재고	FIFO 〉 이동평균 〉 총평균 〉 LIFO
	매출원가	FIFO 〈 이동평균 〈 총평균 〈 LIFO
매입 단가 하락 시	기말재고	FIFO 〈 이동평균 〈 총평균 〈 LIFO
	매출원가	FIFO 〉 이동평균 〉 총평균 〉 LIFO

4 저가법 ★중요!

1. 저가법 풀이법

BQ × BP = XXX

↓ 〉 감모손실(매출원가 or 기타비용)

AQ × BP = XXX

↓ 〉 평가충당금(평가손실 = 기말 충당금 - 기초 충당금)

AQ × 저가 = XXX

STEP 1 수량, 단가 채우기

(1) BQ: 장부상 수량

(2) BP: 장부상 단가(=취득원가)

(3) AQ: 실지 수량

(4) 저가: min[BP, NRV]

- NRV = 예상 판매가격 – 추가 완성원가, 판매비

STEP 2 감모손실

- 정상 감모와 비정상 감모로 구분

STEP 3 평가충당금

(1) ‘NRV 〉 BP인 경우: 평가충당금 X!

(2) 평가손실 = 기말 평가충당금 – 기초 평가충당금

STEP 4 답 구하기

(1) 기말 재고: 가장 마지막 줄에 있는 저가 재고 금액 (= AQ*저가)

(2) 총비용 및 매출원가

재고자산

기초(순액)	① XXX	**매출원가**	**⑤ XXX**	총비용
		기타비용	④ XXX	
매입	② XXX	기말(순액)	④ XXX	
계	② XXX	계	③ XXX	

> 총비용 = 기초 재고(순액) + 매입액 – 기말 재고(순액)
>
> 매출원가 = 기초 재고(순액) + 매입액 – 기말 재고(순액) – **기타비용**

(3) 감모손실 및 평가손실: 문제의 지시사항에 따라 매출원가 or 기타비용으로 처리

2. 원재료의 저가법 적용 심화

(1) 완성될 제품이 원가 이상으로 판매되는 경우 감액하지 않는다.

(2) 원재료는 NRV 대신 현행대체원가를 사용한다.

김수석의 핵심 콕! **원재료 저가법 풀이 순서**

① 원재료가 투입되는 제품이 원가 이상으로 판매되는지 확인 - YES → 원재료 평가손실 X

↓ NO

② 현행대체원가와 비교하여 저가법 적용!

제품이 'NRV 〉 취득원가'인 상황이라면, 원재료도 평가손실 인식 X

3. 저가법 평가 단위: 총계 적용은 불가 심화

5 재고자산에 포함될 항목

김수석의 핵심 콕! 재고자산에 포함될 항목 요약

미착품	선적지 인도조건 시 구매자, 도착지 인도조건 시 판매자의 재고	
적송품	수탁자가 팔기 전까지는 위탁자의 재고	창고 밖에 있지만 재고에 포함
시송품	고객이 구매 의사를 밝히기 전까지는 판매자의 재고	
저당상품	대여자가 보관해도 차입자의 재고로 인식	
할부판매상품	인도 시점에 소유권 이전 예 스마트폰 할부구입	

1. 미착품

	구매자	판매자
선적지 인도	O	X
도착지 인도	X	O

① 문제에 제시된 기업이 구매자(매입)인지, 판매자(매출)인지 구분하기
② 선적지 인도조건인지, 도착지 인도조건인지 구분하기

2. 시송품: 고객이 구매 의사를 밝혔을 때 수익 인식

(1) 예상구매비율 추정 여부에 따른 재고자산과 매출원가 심화

고객의 예상구매비율	재고자산	매출원가
합리적 추정 가능	시송품 원가*(1 – 예상구매비율)	시송품 원가*예상구매비율
합리적 추정 불가	전부 기말 재고자산	0

(2) 반품가능판매 심화

예상 반품 비율 합리적으로 추정 O: 예상 반품 비율에 해당하는 만큼 자산 인식
예상 반품 비율 합리적으로 추정 X: 전부 판매자의 자산에 포함

3. 위탁판매 시 매출액과 적송운임 심화

매출액	판매수수료나 보관료 등은 별도 비용 처리하고, 매출액을 총액으로 인식
적송운임	재고자산(적송품)에 가산한 뒤, 판매비율만큼 매출원가화

6 소매재고법 심화

1. 소매재고법 풀이법

STEP 0 표 그리기: 〈순순비, 정종, 순비는 (–), 정종은 (+)〉

일반형 (모든 요소 포함) 심화

	원가	매가		원가	매가
기초	XXX	XXX	매출	⑤	XXX
매입	XXX	XXX	정상		XXX
순인상		XXX	종업원할인		XXX
순인하		(XXX)			
비정상		(XXX)	기말	④	③XXX
계	①XXX	①XXX	계	②XXX	②XXX

(1) 순순비, 정종, 순비는 (–), 정종은 (+)

순인상, 순인하: 인상액과 인하액에 취소액을 차감한 금액

(2) 매출액과 매출원가

매출의 매가 자리에 오는 금액은 매출액, 원가 자리에 오는 금액은 매출원가

(3) '순'수치 사용

매입, 매출과 관련한 에누리, 할인 등 차감항목이 제시되었다면 차감 후 '순' 수치들을 표에 기록

STEP 1 차변 합계 구하기

STEP 2 차변 합계를 대변 합계에 적기

① 원가 합계 금액을 ② 원가 합계 금액에 똑같이 적고, ① 매가 합계 금액을 ② 매가 합계 금액에 똑같이 적는다.

STEP 3 기말 재고 매가 구하기

③기말 매가 = ②매가 대변 합계 – 기말 매가를 제외한 나머지 금액

STEP 4 기말 재고 원가 구하기

④ 기말 재고자산 원가 = ③ 기말 재고자산 매가 × 원가율

| 원가율 계산 공식 |

평균법 원가율 =	①원가 총계 / ①매가 총계
FIFO 원가율 =	(①원가 총계 − 기초 원가) / (①매가 총계 − 기초 매가)

STEP 5 매출원가 구하기

⑤ 매출원가 = ② 원가 합계 − ④ 기말 재고자산 원가

2. 소매재고법 단순형

	원가	매가		원가	매가
기초	XXX	XXX	매출	⑤	XXX
매입	XXX	XXX	기말	④	③XXX
계	①XXX	①XXX	계	②XXX	②XXX

평균법 원가율 — ①원가 총계 / ①매가 총계

FIFO 원가율 — (①원가 총계 − 기초 원가) / (①매가 총계 − 기초 매가) = 매입 원가 / 매입 매가

CHAPTER 05 유형자산

1 유형자산의 취득원가

취득원가 가산 항목	당기 비용 항목
(1) 관세 및 취득록세, 설치원가, 조립원가, 전문가에게 지급하는 수수료 (2) 설치장소 준비 원가 (3) 유형자산이 정상적으로 작동되는지 여부를 시험하는 과정에서 발생하는 원가 (4) 안전 또는 환경상의 이유로 취득하는 유형자산 (5) 복구예상비용 심화 (6) 국공채의 취득원가와 현재가치의 차이 심화	(1) 재산세, 수선유지비, 보험료, 교육훈련비, 광고선전비 (2) 새로운 시설을 개설하는 데 소요되는 원가 (3) 시제품의 원가 및 매각액 (4) 재배치, 재편성 원가, 초기 가동손실, 완전조업도에 미치지 못하는 원가 (5) 건설 시작 전에 건설용지를 주차장으로 사용하여 발생한 손익 (6) 장기후불조건 매입 시 총 지급액과 현금 구입 가격의 차이 심화

- '설치장소 준비원가 취득원가'

1. 시운전원가: 취득원가 가산, 시제품의 원가 및 매각액은 당기손익

- 시운전원가는 취득원가에 가산
- 시운전 과정에서 생산한 시제품의 원가 및 매각액은 당기손익으로 인식

2. 복구예상비용 및 복구충당부채 심화

(1) 취득 시

예상복구비용을 현재가치한 금액을 '복구충당부채'로 계상하고, 같은 금액을 유형자산의 취득원가에 가산

감가상각 ←

유형자산	XXX	현금	XXX
		복구충당부채	XXX

→ 유효이자율 상각

(2) 매년 말: 유형자산 감가상각 & 복구충당부채 유효이자율 상각

감가상각비	XXX	감가상각누계액	XXX
이자비용	XXX	복구충당부채	XXX

3. 장기후불조건 매입 심화

- 장기후불조건 매입 시 자산의 취득원가: 현금 구입가격(= 현재가치)
- 현재가치와 실제 현금 지급액의 차이: 유효이자율 상각을 통해 이자비용으로 인식

4. 국공채의 의무 매입 심화

국공채의 취득원가와 현재가치의 차이: 유형자산의 취득원가에 가산

감가상각 ←	차량운반구	510,000	현금	500,000
유효이자율 상각 ←	국채	90,000	현금	100,000

2 일괄취득 및 토지에 대한 지출

1. 모두 사용 시: 공정가치 비율로 안분

2. 토지만 사용 시

(1) 건물을 즉시 철거: 취득가액 전부 토지에 배부!

> 토지의 취득원가 = 일괄구입가격 + 철거비용 - 폐자재 처분 수입

※ 주의 건물을 즉시 철거하기 위해 일괄취득하면서 공정가치가 제시된 경우 – 안분X!

(2) 건물을 사용하다가 철거: FV 비율로 취득원가 안분 → 건물 감가상각 → 철거 시 처분손실 인식

> 건물 처분손실 = 건물 미상각 잔액 + 철거비용 - 폐자재 처분수입

김수석의 핵심 콕! 건물 철거 시점에 따른 철거비용의 처리방법

(1) 건물을 즉시 철거	토지 취득원가에 가산
(2) 건물을 사용하다가 철거	처분손실

(3) 토지의 취득원가에 가산하는 지출

① 구획정리비용: 토지의 구획을 명확히 하기 위해서 발생하는 비용

② 토지정지비용: 토지의 높이를 원하는 높이로 맞추는데 드는 비용

3. 토지에 대한 지출

(1) 내용연수 무한 or 지자체가 보수 담당: 토지로 회계처리

(2) 내용연수 유한 or 회사가 보수 담당: 구축물로 회계처리

3 교환

김수석의 **핵심**콕! 교환 요약

	1. 상업적 실질이 있는 경우	2. 상업적 실질이 결여된 경우
(1) 유형자산처분손익	구자산 FV − 구자산 BV	0
(2) 신자산의 취득원가	구자산 **FV** ± 현금 수수액	구자산 **BV** ± 현금 수수액

1. FV의 신뢰성에 따른 교환 문제 풀이 심화

'구 자산의 공정가치가 더 명백', 두 자산의 공정가치가 '모두' 명백, '동일하게' 명백

: 신 자산의 FV를 무시하고 구 자산의 FV를 기준으로 유형자산처분손익과 신 자산의 취득원가 계산

4 감가상각

1. 감가상각방법 중요!

정액법, 연수합계법	(취득원가 - 잔존가치)*상각률
정률법, 이중체감법	미상각잔액*상각률

1. 정액법: (취득원가 - 잔존가치) ÷ 내용연수
2. 연수합계법: (취득원가 - 잔존가치) × 내용연수를 역수로 표시한 당년도 수 ÷ 내용연수 합계
   (1) 내용연수 합계 = n(n + 1)/2
   (2) 내용연수가 4년인 경우 상각률의 분모(내용연수 합계): 10 (4/10, 3/10, 2/10, 1/10)
3. 정률법: (취득원가 - 기초 감가상각누계액) × 감가상각률
4. 이중체감법: (취득원가 - 기초 감가상각누계액) × 2/내용연수

2. 특정 시점의 장부금액을 빠르게 구하기

	X2말 감가상각누계액	X2말 장부금액
(1) 정액법	(취득원가 - 잔존가치) × 2/내용연수	취득원가 - X2말 감가상각누계액
(2) 연수합계법 (내용연수 4년 가정 시)	(취득원가 - 잔존가치) × (4 + 3)/10	
(3) 정률법, 이중체감법	취득원가 - X2말 장부금액	취득원가 × $(1 - 상각률)^2$

3. 기중 취득 및 기중 처분 자산의 감가상각 중요!

(1) 일반 사항 (정액법)

취득 or 처분 시점이 1월 1일이 아닌 경우 취득 or 처분한 해에는 감가비 월할 상각

(2) 연수합계법: 연도가 걸쳐 있으면 나눠서 계산할 것!

기간을 나눠서 상각률 계산 (예 4/10, 3/10, 2/10, 1/10)

(3) 정률법 및 이중체감법: 기본식대로 풀 것! 심화

기본식 = 기초 미상각잔액 × 상각률

4. 감가상각 말문제 출제 사항 심화

(1) 감가상각의 의의: 감가상각은 취득원가의 배분 과정이다.

- 회계상 **감가상각은 실제 가치 변동과 무관**

(2) 감가상각비의 인식: 유형자산의 감가상각비는 다른 자산의 장부금액에 포함되는 경우가 아니라면 **당기손익**으로 인식한다.

(3) 감가상각의 구분: 유형자산을 구성하는 일부가 전체에 비해 유의적이라면, 그 부분은 별도로 구분하여 감가상각한다. (예 항공기의 엔진)

(4) 감가상각의 시작: 감가상각은 자산이 **사용가능한 때부터** 시작한다.

(5) 감가상각의 중단: 자산이 운휴(작동 X) 중이거나 적극적인 사용상태가 아니어도 감가상각이 완전히 이루어지기 전까지는 **감가상각을 중단하지 않는다**.

(6) 감가상각방법: 감가상각방법은 해당 자산에 내재되어 있는 **미래경제적효익의 예상 소비형태**를 가장 잘 반영하는 방법에 따라 선택한다.

(7) 감가상각요소의 재검토: 잔존가치, 내용연수, 감가상각방법은 적어도 매 회계연도 말에 재검토해야 한다.

5 감가상각의 변경 ★중요!

1. 자본적 지출 vs 수익적 지출

구분	처리 방법	키워드
자본적 지출	장부금액에 가산	'생산능력 증대', '대규모'
수익적 지출	당기비용 처리	'일상적인 수선 및 유지'

자본적 지출이 발생하는 경우 장부금액에 가산하고, 그 가산된 금액을 기준으로 감가상각
문제에 일상적이라는 언급이 있을 때만 수익적 지출로 보고, 언급이 없다면 자본적 지출로 보자!
수익적 지출은 단독 출제 X, 하나만 등장하면 자본적 지출임. 둘 다 등장하면 뉘앙스 차이로 구분하자!

2. n(내용연수): '잔여'내용연수 확인!

내용연수가 바뀌는 경우, 수정된 잔여내용연수로 상각
내용연수가 바뀌지 않더라도, 이미 지나간 기간이 있으므로 상각률이 바뀜

3. s(잔존가치): 0이 아닌지 항상 확인!

대부분의 문제에서 잔존가치가 0이지만, 그렇지 않은 경우도 있으므로 감가상각 문제에서는 항상 잔존가치를 확인하자!

4. 상각 방법

상각 도중에 상각 방법이 변경되는 경우, '남은 금액을, 남은 기간동안' 새로운 상각 방법으로 상각

5. 감가상각요소 변경 후 연수합계법 적용 시 상각률: '남은 기간을 대상으로 변경 시점이 첫 해인 것처럼' ★중요!

6 원가모형 손상차손 ★중요!

1. 원가모형 손상차손 풀이법: '상각 - 손상 - 상각 - 환입'

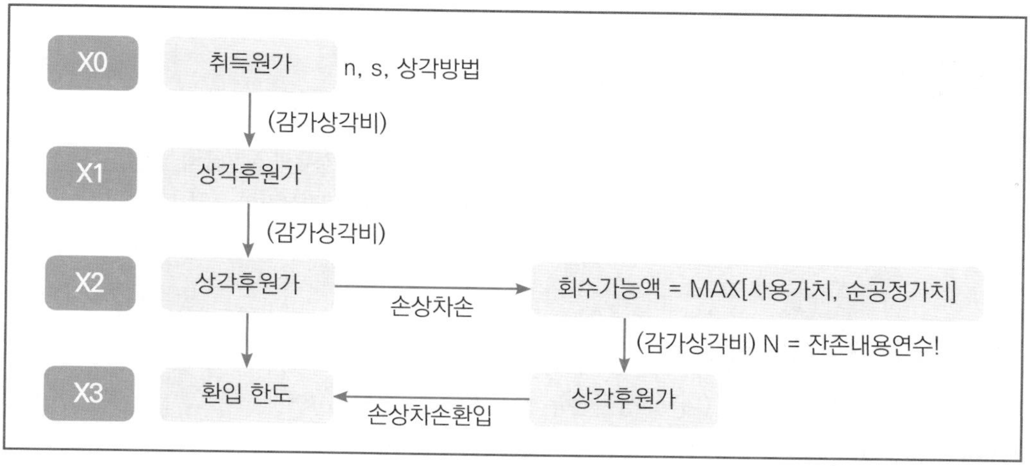

STEP 1 1차 상각: 문제에 제시된 방법으로 감가상각

문제에 제시된 감가상각 요소에 따라 손상징후 발생 or 회수가능액 제시 시점 까지 상각

STEP 2 손상: 무조건 큰 거!

회수가능가액 = MAX[사용가치, 순공정가치]

회수가능가액의 결정 방법

① 숫자 하나만 제시하면: 그 금액

② 숫자 두 개를 제시하면: 한글 읽을 필요 없이 무조건 큰 금액!

※ 주의 재고자산 저가법과의 비교

재고자산의 저가 = min[순실현가능가치, 장부금액]

회수가능액 = MAX[사용가치, 순공정가치]

회수가능가액 〉 상각 후 원가: 손상차손 X 심화

STEP 3 2차 상각: 잔존내용연수, 잔존가치 주의!

(1) 잔존내용연수: 손상 후 2차 상각에서는 지나간 기간은 차감하고 상각률이 '1/잔존n'으로 바뀜

(2) 잔존가치: 잔존가치가 0이 아닐수도 있으니 잔존가치도 항상 주의

STEP 4 손상차손환입: 한도 주의! ★중요!

> **손상차손환입 한도 = 손상을 인식하지 않았을 경우의 장부금액**
>
> = 손상 인식 이전 금액에서 더 상각한 금액

2. 원가모형 손상차손 회계처리

(1) 손상: (차) 손상차손 XXX (대) 손상차손누계액 XXX

(2) 환입: (차) 손상차손누계액 XXX (대) 손상차손환입 XXX

HONEY 김수석의 꿀팁! **원가모형 손상차손 문제의 환입 후 장부금액**

> 손상차손과 환입이 발생하지 않았다고 생각하고 바로 해당 연도의 장부금액을 구할 것!

7 재평가모형

1. 재평가모형의 적용 – 토지: 상각 없이 매년 평가만 ★중요!

X0		X1		X2
1,100,000	⟶	1,300,000	⟶	500,000
	⊕ 200,000		⊖ 200,000 (–) 600,000	

⊕: OCI 증가, ⊖: OCI 감소, (–): PL 감소

STEP 1 1차 평가

최초 평가에서 **평가이익은 OCI(재평가잉여금 – 기타포괄손익)로, 평가손실은 PL(재평가손실 – 당기손실)** 로 인식

STEP 2 2차 평가

재평가논리 – "올라가면 OCI, 내려가면 PL, 상대방 것이 있다면 제거 후 초과분만 인식"

1차 평가	2차 평가	
이익 (OCI)	이익	OCI
	손실	OCI 제거 후, 초과분 PL
손실 (PL)	이익	PL 제거 후, 초과분 OCI
	손실	PL

2. 재평가모형의 적용 – 상각자산 심화

|상각자산의 재평가모형 풀이법| 상각 – 평가 – 상각 – 평가

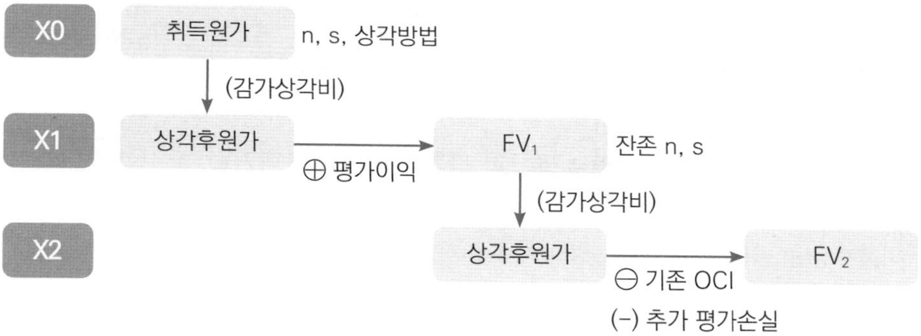

STEP 1 1차 상각: 문제에 제시된 방법으로 감가상각

STEP 2 1차 평가

최초 평가에서 평가이익은 OCI(기타포괄손익)로, 평가손실은 PL(당기손실)로 인식

※ 주의 재평가이익의 넓은 의미 심화

= 재평가로 인해 인식하는 이익

= 재평가이익(PL) + 재평가잉여금(OCI)

→ 문제에 등장한 재평가이익을 PL로만 생각하지 말고, 문제의 상황을 따지면서 PL인지, OCI인지를 결정!

STEP 3 2차 상각: 잔존내용연수 주의!

잔존내용연수와 잔존가치를 주의하여 2차 상각

STEP 4 2차 평가

"올라가면 OCI, 내려가면 PL, 상대방 것이 있다면 제거 후 초과분만 인식"

※ 주의 **감가상각비는 재평가손익의 분류(OCI/PL)에 영향을 안 미침!**

※ 주의 **당기손익에 미치는 영향: 감가비를 빼먹지 말 것!**

당기손익에 미치는 영향 = 재평가이익 – 재평가손실 – **감가상각비**

STEP 5 재평가모형을 적용하는 유형자산의 처분손익

유형자산처분손익(PL) = 처분가액 – 장부금액 (재평가잉여금은 재분류조정 X)

감누	감누	유형자산	취득원가
현금	처분가액		
처분 손익 = 처분가액 – 장부금액			
(재평가잉여금	XXX	이익잉여금	XXX)

• 유형자산이 제거되면서 OCI는 이익잉여금으로 직접 대체 가능 (선택)

3. 재평가모형의 회계처리 – 비례수정법과 감가상각누계액제거법: 무시할 것! 심화

• 비례수정법: 취득원가와 감가상각누계액을 비례하여 조정
• 감가상각누계액제거법: 감가상각누계액을 전액 제거하고, 취득원가를 공정가치와 일치시킴

문제에서 감가상각을 직접 시킨 경우에는 회계처리 방법을 고려하지 말고 풀 것! (회계처리 방법과 무관하게 장부금액, 당기손익, 기타포괄손익은 동일)

8 차입원가 자본화 심화

1. 연평균 지출액

X1		12.31 or 완공일
1.1	지출액 × 월수/12	= XXX
7.1	지출액 × 월수/12	= XXX
		연평균 지출액

2. 특정: 차입금 × 월수/12 = XXX (이자율) → 특정차입금 자본화액

↓

4. 일반: (연평균 지출액 - XXX (R) → 일반차입금 자본화액(한도: 이자비용 계)

차입원가 자본화액

3. R = 이자비용 계/연평균 차입금

A 차입금 × 월수/12	= XXX	(이자율)	→ 이자비용
B 차입금 × 월수/12	= XXX	(이자율)	→ 이자비용
계	연평균 차입금		이자비용 계

STEP 1 연평균 지출액

1. 연도와 12.31(or 완공일) 쓰기

X1	12.31 or 완공일

- 어느 연도의 차입원가를 자본화하는지 좌측 상단에 기재
- 당해연도에 공사가 마감되면 공사 완공일을, 마감되지 않으면 12.31을 씀

2. 지출일과 지출액 쓰기

1.1	지출액
7.1	지출액

3. 연평균 지출액 구하기

X1		12.31 or 완공일
1.1	지출액 × 월수/12	= XXX
7.1	지출액 × 월수/12	= XXX
		연평균 지출액

STEP 2 특정차입금 자본화: 차입금 × 월수/12=연평균 차입금(이자율)→특정 차입금 자본화액

1. 차입금*월수/12 = 연평균 차입금
   • 특정차입금은 **차입 기간과 건설 기간이 겹치는 기간만 포함**

	건설기간	특정차입금 차입기간	X1년 해당 월수
상황1	X1.4.1~X2.7.1	X1.1.1~X1.12.31	9개월
상황2	X1.1.1~X2.7.1	X1.1.1~X1.12.31	12개월

2. 특정차입금 자본화액: 연평균 차입금(이자율) → 특정 차입금 자본화액

STEP 3 일반차입금 가중평균차입이자율 및 한도 계산

R = 이자비용 계/연평균 차입금					
A	차입금 × 월수/12	= XXX	(이자율)	→	이자비용
B	차입금 × 월수/12	= XXX	(이자율)	→	이자비용
계		연평균 차입금			이자비용 계

1. 차입금 × 월수/12 = 연평균 일반차입금(이자율) → 이자비용
   • **일반차입금은** 특정차입금과 달리 **건설기간을 고려하지 않고, 그해의 차입 기간 전체에 대해서 자본화**
2. R(일반차입금 가중평균차입이자율) = 이자비용 계/연평균 일반 차입금 계

STEP 4 일반차입금 자본화: (연평균 지출액-연평균 특정 차입금) × R (한도: 이자비용 계)

특정	차입금 × 월수/12	= XXX	(이자율)	→ 특정차입금 자본화액
		↓		
일반	(연평균 지출액	- XXX)	(R)	→ 일반차입금 자본화액 (한도: 이자비용 계)
				차입원가 자본화액

• 일반차입금 자본화액의 한도: Step 3에서 구한 **이자비용 계**

9 정부보조금 심화

김수석의 핵심 콕! 정부보조금 회계처리 방법에 따른 처리방법 요약

	원가차감법	이연수익법
정부보조금 처리 방법	자산의 차감 → 감가비와 상계	부채 → 수익
장부금액	취득원가 - 감누 - **보조금 잔액**	취득원가 - 감누
감가상각비	감가상각비 - **보조금 환입액**	감가상각비
유형자산처분손익	처분가액 - (취득원가 - 감누 - 보조금 잔액)	

- 정부보조금 환입액 = 정부보조금 × 감가상각비/(취득원가 - 잔존가치)
- 장부금액과 감가상각비는 회계처리 방법에 따라 달라지지만, 처분손익은 두 방법이 동일!

김수석의 꿀 팁! 원가차감법을 적용하고, 정액법이나 연수합계법으로 상각하는 경우 간편법

정부보조금을 차감한 금액을 취득원가로 볼 것! ★중요!

취득원가 순액 = 취득원가 총액 - 정부보조금

예 유형자산을 100원에 취득 시 10원의 보조금을 받았다면: 취득원가를 90원으로 보고 계산

CHAPTER 06

투자부동산

1 투자부동산의 측정 모형 ★중요!

투자부동산이란: 임대수익이나 시세차익을 얻기 위하여 보유하고 있는 부동산

- 최초 인식 시 원가로 측정한 뒤, 공정가치모형과 원가모형 중 하나를 선택하여 모든 투자부동산에 적용

	감가상각	공정가치 평가
원가모형	O	X
공정가치모형	X	O(PL)

※ 주의 공정가치모형에서 감가상각요소가 제시되어도 상각하지 말 것!

2 투자부동산의 분류 심화

투자부동산 O	투자부동산 X
임대 or 시세차익 목적	자가사용부동산 (유형자산)
장래 용도를 결정하지 못한 채로 보유한 토지	
(금융리스로 보유하여) 운용리스로 제공	금융리스로 제공 (처분임 - 내 자산 아님)
제공하는 용역이 부수적인 경우 ex)보안과 관리용역	제공하는 용역이 유의적인 경우 (호텔)
미래에 투자부동산으로 사용하기 위하여 건설중인 자산	미래에 자가사용하기 위하여 건설중인 자산(유형자산) 제3자를 위하여 건설중인 부동산 (재고자산)
일부 임대, 일부 자가사용: 부분별 매각 불가능시 **'자가 사용부분이' 경미할 때**만 전체를 투자부동산으로 분류	

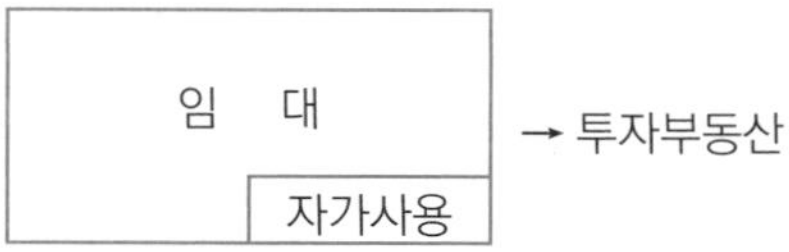

3 투자부동산 계정 대체 심화

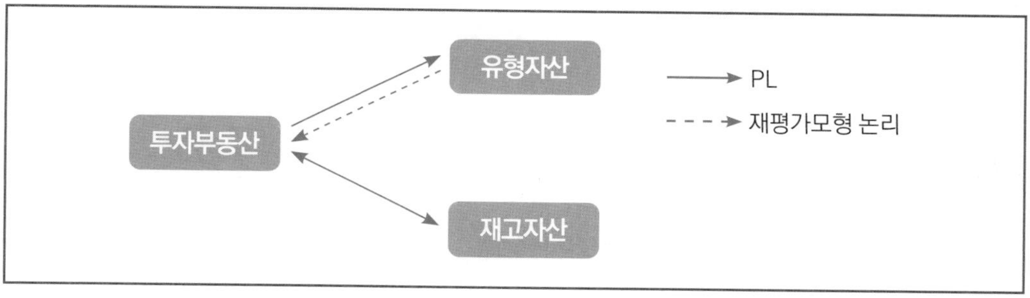

1. **투자부동산 → 유형자산(자가사용부동산), 투자부동산 ↔ 재고자산:** 당기손익

2. **유형자산(자가사용부동산) → 투자부동산:** 재평가모형 논리대로 회계처리

CHAPTER 07

무형자산

1 연구단계 vs 개발단계

1. 연구단계: 비용, 개발단계: 조건부 자산 ★중요!

초반 →	연구단계	개발단계	→ 후반
	비용	조건부 자산	

연구단계에서 발생한 지출은 비용으로, 개발단계에서 발생한 지출은 자산 인식요건을 모두 충족하는 경우 자산으로 인식한다.

2. 보수주의 규정

(1) 연구단계와 개발단계를 구분할 수 없는 경우에는 모두 연구단계로 본다. ★중요!

(2) 최초에 비용으로 인식한 무형항목에 대한 지출은 **이후에 자산으로 인식할 수 없다.**

3. 연구단계와 개발단계의 사례 심화

연구단계: 지식, 여러 가지 대체안	**개발단계**: 최종 선정안, 시제품, 시험공장
• 새로운 **지식**을 얻고자 하는 활동 • 연구결과나 기타 **지식**을 탐색, 평가, 최종 선택, 응용하는 활동 • **여러 가지 대체안** 탐색하는 활동 • **여러 가지 대체안**을 최종 선택하는 활동	• **최종 선정안**을 설계, 제작, 시험하는 활동 • **공구, 지그, 주형, 금형** 등을 설계하는 활동 • **시제품**과 모형을 설계, 제작, 시험하는 활동 • 경제적 규모가 아닌 **시험공장**을 설계, 건설, 가동하는 활동

지식 → 여러 가지 대체안 (연구) → 최종 선정안 (개발)

2 무형자산의 인식

1. 무형자산의 정의

물리적 실체는 없지만 식별가능한 비화폐성자산

2. 무형자산의 인식조건

(1) 자산에서 발생하는 미래경제적효익이 기업에 유입될 가능성이 높고,

(2) 자산의 원가를 신뢰성 있게 측정할 수 있는 경우에만 무형자산을 인식한다.

3. 무형자산의 최초 인식

(1) 원칙: 원가 측정

(2) 사업결합 시: 공정가치 측정

4. 무형자산으로 인식할 수 없는 항목: '내부창출~'은 자산 아님! ★중요!

(1) 내부창출 영업권

내부적으로 창출한 영업권은 자산으로 인식하지 않는다.

(2) 내부창출 브랜드 등

내부적으로 창출한 브랜드, 제호, 출판표제, 고객 목록과 이와 실질이 유사한 항목은 무형자산으로 인식하지 않는다.

(3) 숙련된 종업원 예 손맛

3 무형자산의 평가 심화

1. 무형자산도 원가모형과 재평가모형 모두 적용 가능 (= 유형자산)

2. 재평가모형을 적용하는 경우 공정가치는 활성시장을 기초로 하여 결정

3. 무형자산의 상각: 답정너 정액법, 0

(1) 감가상각방법

> 내용연수가 유한한 무형자산의 상각대상금액은 내용연수동안 체계적인 방법으로 배분하여야 한다. / 무형자산의 상각방법은 자산의 경제적 효익이 소비될 것으로 예상되는 형태를 반영한 방법이어야 한다. / 다만, 그 형태를 신뢰성 있게 결정할 수 없는 경우에는 정액법을 사용한다.

(2) 잔존가치

내용연수가 유한한 무형자산의 잔존가치는 특별한 경우를 제외하고는 영(0)으로 본다.

4 내용연수가 비한정인 무형자산 심화

1. 내용연수가 비한정인 무형자산은 상각하지 아니한다.

2. 내용연수가 비한정인 무형자산은 매년 그리고 손상징후가 있을 때 손상검사를 수행해야 한다.

ex〉 영업권

3. 비한정 가정의 적정성 검토: 매년 검토, 비한정 가정이 적절하지 않으면 상각 시작

CHAPTER 08 현금성자산 및 대손

1 현금 및 현금성자산

현금성 자산: 즉시 현금화 가능	현금성이 아닌 항목: (즉시) 현금화 불가
타인발행수표, 자기앞수표 우편환, 송금환 보통예금, 당좌예금 통화 배당금지급통지표, 국공채이자표	선일자수표, 어음 우표, 수입인지 적금, 당좌차월, 당좌개설보증금 직원가불금, 차용증서
만기에 따라 달라지는 항목: 양도성예금증서, 환매채, 국공채, 상환우선주	

만기에 따라 달라지는 항목: **취득 당시 만기가 3개월 이내**에 도래해야 현금성 자산으로 분류(not 12.31 기준)

2 은행계정조정표

1. 회사측 조정 사항

조정 사항	내용	회사 잔액에서
미통지예금	회사계좌에 입금되었으나 회사가 기록하지 않음	가산
받을어음 추심	어음을 회수하였으나 회사는 이를 누락함	
부도수표	회사 보유 수표가 부도처리되었으나 회사가 누락함	차감
은행수수료	은행수수료를 회사가 누락함	
이자손익	이자수익, 이자비용을 회사가 누락함	조정
회사측 오류	거래 금액을 잘못 기재함	

2. 은행측 조정 사항

조정 사항	내용	은행 잔액에서
미기입예금 (마감후 입금)	회사가 입금한 내역을 은행이 누락함	가산
기발행미인출수표 (미지급수표)	회사가 발행한 수표가 은행에서 출금되지 않음	차감
은행 측 오류	다른 회사의 거래를 본 회사의 거래로 잘못 반영함	조정

3. 조정 전 금액과 조정 후 금액의 명칭

	회사	은행
조정 전 금액	회사 측 당좌예금 잔액 ㈜한국의 당좌예금 잔액 ㈜한국의 수정 전 당좌예금 잔액 당좌예금 장부상 잔액 당좌예금계정 장부가액	은행계정명세서상의 잔액 예금잔액증명서상 당좌예금 잔액 은행 측 잔액증명서 은행계산서의 당좌예금 잔액
조정 후 금액	정확한 당좌예금 잔액, 정확한 당좌예금계정의 잔액	

3 대손 심화

1. 대손 회계처리

(1) 회수불능(= 대손 확정, 손상차손): 대손충당금 감소

(차) 대손충당금	XXX	(대) 매출채권	XXX

if> 대손충당금이 부족하다면

(차) 대손충당금	XXX	(대) 매출채권	XXX
대손상각비	XXX		

(2) 대손 채권의 회수: 대손충당금 증가

(차) 현금 XXX (대) 대손충당금 XXX

(3) 대손충당금 설정

1) 기말 대손충당금 잔액〉설정 전 잔액: 대손충당금 증가

(차) 대손상각비	XXX	(대) 대손충당금	XXX

2) 기말 대손충당금 잔액〈설정 전 잔액: 대손충당금 감소

(차) 대손충당금	XXX	(대) 대손충당금환입	XXX

• 대손충당금 설정은 기말수정분개 사항

2. 대손상각비 풀이법 ★중요!

기말 대손충당금 = 기초 대손충당금 − 회수불능액 + 채권회수액±대손상각비(환입)

	(5) 대손상각비	매출채권	(1) 대손충당금	순액
기초		기초 매출채권	기초 대손충당금	추정 현금흐름
(2) 대손	충당금 부족액	(회수불능액)	(회수불능액)	
(3) 대손 채권 회수			채권회수액	
(4) 설정	설정액		설정액	
기말	대손상각비	기말 매출채권	기말 대손충당금	추정 현금흐름

(1) 기초, 기말 대손충당금 잔액

① 추정 현금흐름이 제시된 경우 — 매출채권 − 추정 현금흐름

② 손실률이 제시된 경우 — Σ매출채권 금액 × 손실률

(2) 대손

• 대손이 확정된 경우에는 대손충당금과 매출채권을 상계
• 상계할 대손충당금 잔액이 부족한 경우에는 부족분을 대손상각비로 인식하여 대차를 맞춤

(3) 대손 채권의 회수

회수불능이라고 판단하여 매출채권과 대손충당금을 상계한 채권이 예상과 달리 회수되는 경우에는 현금 수령액만큼 대손충당금을 증가시킨다.

(4) 설정

기대신용손실: 못 받을 것으로 예상되는 금액(=기말 대손충당금)

기초 대손충당금에서 회수불능액을 차감하고, 채권회수액을 증가시킨 후 남은 대손충당금 잔액(설정 전 잔액)과 기말 대손충당금 잔액을 비교하여 대손충당금 금액을 조정한다.

(5) 대손상각비 = 충당금 부족액 + 설정액

CHAPTER 09

금융부채

1 할인발행 vs 액면발행 vs 할증발행 ★중요!

1. 액면금액과 발행금액의 비교: 유효이자율과 발행금액은 반비례

$$PV\downarrow = \sum \frac{CF_n}{(1 + R\uparrow)^n}$$

2. 장부금액, 이자비용, 상각액 증감

<table>
<tr><th></th><th>유효R = 액면R</th><th>유효R 〉 액면R</th><th>유효R 〈 액면R</th></tr>
<tr><td rowspan="2">액면가와 비교</td><td>발행가 = 액면가</td><td>발행가 〈 액면가</td><td>발행가 〉 액면가</td></tr>
<tr><td>액면발행</td><td>할인발행</td><td>할증발행</td></tr>
<tr><td>장부금액</td><td rowspan="3">불변</td><td rowspan="3">점차 증가</td><td rowspan="2">점차 감소</td></tr>
<tr><td>이자비용</td></tr>
<tr><td>상각액</td><td>점차 증가</td></tr>
</table>

(1) 상각 완료 후 장부금액 = 액면금액

(2) 상각액 = |유효이자 - 액면이자|

할인발행, 할증발행 모두 상각액은 점차 증가! ★중요!

김수석의 꿀팁! 장부금액, 이자비용, 상각액 증감 암기법(혓바닥 그림)

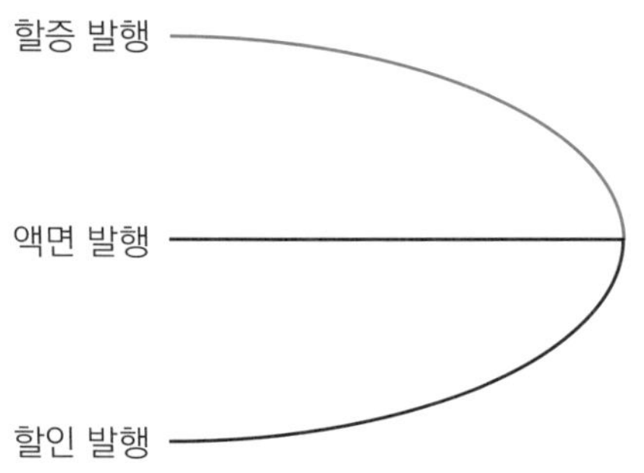

3. 사채발행비 및 취득부대비용이 유효이자율에 미치는 영향 심화

(1) 사채(금융부채): 사채발행비 존재 시 채무자의 유효이자율 상승

(2) 채권(금융자산): 취득부대비용 존재 시 채권자의 유효이자율 하락

- 비용 발생 시 투자자, 채무자 모두 불리!

2 유효이자율법 계산문제 출제 사항

1. 액면이자율과 유효이자율

(1) 액면이자율

	유효이자	액면이자	상각액	장부금액
X1				기초 BV
X2	②기초 BV*유효R	③유효이자 − 상각액	①기말 BV − 기초 BV	기말 BV

④ 액면이자율 = 액면이자 ÷ 액면금액

(2) 유효이자율

= 유효이자 ÷ 기초 장부금액

HONEY 김수석의 꿀 팁! 액면이자율이나 유효이자율을 묻는 문제 대처법

(1) 액면이자율과 유효이자율은 다를 것이다.

(2) 계산형 말문제: 최대한 나머지 선지들로 정답을 파악하고 넘어가자.

(3) 최후의 수단: 5%나 10%로 찍고 넘어갈 것!

2. 총 이자비용 중요!

(1) 총 현금 지급액 = 액면금액 + 만기 × 액면이자

(2) 총 이자비용 = ① 총 현금 지급액 - 총 현금 수령액

= ② 액면금액 + 만기 × 액면이자 - 발행금액

= ③ 상각액 합계 + 만기 × 액면이자

3. 사채상환손익

사채상환손익: 사채의 장부금액 - 상환금액

- 돈을 많이 주고 갚으면 손실, 돈을 적게 주고 갚으면 이익

4. 사채상환이 기중에 이루어지는 경우 심화

사채상환손익 = 상환 시 총부채 - 상환금액
① = 상환 시 사채의 BV + 미지급이자 - 상환금액
② = 기초 사채의 BV + 상각액 + 미지급이자 - 상환금액
③ = 기초 사채의 BV + 유효이자 - 상환금액
④ = 기초 사채의 BV*(1 + 유효R*경과 월수/12) - 상환금액

상환금액			
상환 시 총부채			상환손실
상환 시 사채 BV		미지급이자	상환손실
기초 사채 BV	상각액	미지급이자	상환손실
기초 사채 BV	유효이자(이자비용)		상환손실

5. 유효이자율법 계산형 말문제

시간이 많이 걸리므로 넘긴 후에 시간이 남는다면 마지막에 풀자!

CHAPTER 10

금융자산

1 지분상품의 분류

구분	계정과목(영문)	계정과목(국문)	사업모형(보유목적)
지분상품 (주식)	FVPL 금융자산	당기손익 - 공정가치 측정 금융자산	원칙
	FVOCI선택 금융자산	기타포괄손익 - 공정가치 측정 선택 금융자산	단기매매항목이 아님

FVOCI 선택은 최초 인식 시에만 가능, 이후에 취소 불가

2 지분상품 회계처리 ★중요!

구분	계정과목	취득부대비용	FV 평가손익	처분손익
지분상품	FVPL	당기비용	PL	PL
	FVOCI선택	취득원가에 가산	OCI (재분류 조정 X)	N/A (OCI로 평가)

1. 최초 인식: FV

2. 취득부대비용: FVPL만 당기비용, 나머지는 취득원가에 가산 ★중요!

(1) FVPL 금융자산: 당기비용 처리

(2) FVOCI 선택 금융자산: 취득원가에 가산

김수석의 꿀팁! '취득부대비용 XXX을 포함하여 총 XXX을 지급하였다.'

계정 분류	취득원가
FVPL	총 지급 대가 - 취득부대비용
FVOCI	총 지급 대가

3. 공정가치 평가손익: 계정 이름 따라서!

(1) FVPL 금융자산: 당기손익(PL)

(2) FVOCI 선택 금융자산: 기타포괄손익(OCI)

> **※ 주의 FVOCI 선택 금융자산 평가손익(OCI)의 주의 사항**
>
> ① 누적액이 B/S에 계상
>
> ② 상대방 것이 있다면 상계 후 초과분만 인식

4. 지분상품 처분손익

(1) FVPL 금융자산: 당기손익

(2) FVOCI 선택 금융자산: 평가 후 처분, 처분손익 = 0 (평가손익 재분류조정 X) ★중요!

김수석의 꿀팁! X2말 기타포괄손익누계액(=OCI 잔액): X2말 FV−취득원가

5. FVOCI과 FVPL의 연도별 손익 효과 ★중요!

X1년	FVOCI 선택	FVPL
NI	–	1,000
OCI	1,000	–
CI	1,000	1,000

X2년	FVOCI 선택	FVPL
NI	–	3,000
OCI	3,000	–
CI	3,000	3,000

(1) FVOCI 선택의 NI = FVPL의 OCI = 0

예외적으로, FVOCI 선택으로 분류할 경우 배당금수익만 NI로 인식

(2) FVOCI 선택의 OCI = FVPL의 NI

(3) FVOCI 선택의 CI = FVPL의 CI

6. 배당금수익

- **현금배당** — 금융자산의 계정 분류와 무관하게 당기손익(PL)
- **주식배당** — 투자자는 회계처리 X

3 채무상품의 분류

구분	계정과목(영문)	계정과목(국문)	사업모형(보유목적)
채무상품 (채권)	AC 금융자산	상각후원가 측정 금융자산	계약상 현금흐름 수취
	FVOCI 금융자산	기타포괄손익 - 공정가치 측정 금융자산	계약상 현금흐름 수취 & 매도
	FVPL 금융자산	당기손익 - 공정가치 측정 금융자산	위 둘이 아닌 경우 (매도만)

4 채무상품 회계처리 심화

채무상품	FVPL 금융자산	AC 금융자산	FVOCI 금융자산
취득부대비용	당기비용	취득원가에 가산 → 유효R 하락	
이자수익	액면이자	유효이자율 상각	
FV 평가손익	PL	X	OCI
처분손익	PL		PL(재분류 조정 O)

1. 취득부대비용: FVPL만 당기비용, 나머지는 취득원가에 가산

- 취득부대비용 발생 시 투자자의 유효이자율은 낮아짐 (취득부대비용이든 사채발행비이든 투자자 및 채무자 입장에서 추가적인 지출이 발생하는 것이므로 불리함)

2. 이자수익: AC와 FVOCI는 유효이자율 상각, FVPL은 액면이자

3. 공정가치 평가손익: 계정 이름 따라서!

- FVOCI 금융자산: 평가손익을 기타포괄손익(OCI)으로 인식
- FVPL 금융자산: 평가손익을 당기손익(PL)으로 인식

4. 처분손익: FVPL과 AC는 PL로, FVOCI는 재분류조정

(1) FVPL 금융자산, AC 금융자산

처분손익(PL) = 처분가액 - 장부금액

(2) FVOCI 금융자산: AC와 당기손익 일치!

- FVOCI 금융자산과 AC 금융자산의 당기손익은 항상 일치
- FVOCI 금융자산 (채무상품)의 평가이익을 재분류 조정하기 때문

5. FVOCI 금융자산의 회계처리: 취소 - 상각 - 평가

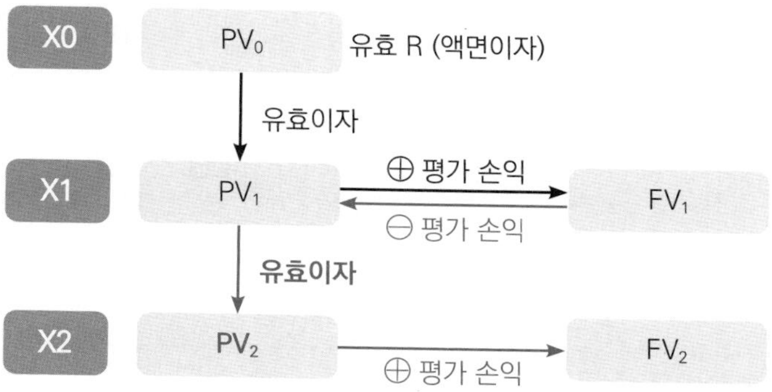

STEP 1 상각: 유효이자율 상각

(1) 발행일의 현재가치(PV_0) 구하기

(2) PV_0 옆에 유효이자율과 액면이자 적기

(3) 화살표를 아래로 뻗으면서 옆에 유효이자 적기

(4) PV_0에서 유효이자율 상각을 수행하여 PV_1 만들기

STEP 2 평가: 공정가치 평가

(차) FVOCI 금융자산	XXX	(대) OCI	XXX

STEP 3 취소: 전기말 평가 역분개

(차) OCI	XXX	(대) FVOCI 금융자산	XXX

STEP 4 상각: 유효이자율 상각

STEP 5 평가: 공정가치 평가

	AC 금융자산				FVOCI 금융자산			
X1.1.1 - 취득	AC	950,258	현금	950,258	FVOCI	950,258	현금	950,258
X1.12.31 - 상각	현금 AC	80,000 15,026	이자수익	95,026	현금 FVOCI	80,000 15,026	이자수익	95,026
X1.12.31 - 평가	- 회계처리 없음 -				FVOCI	84,716	OCI	84,716
X2.1.1 - 취소	- 회계처리 없음 -				OCI	84,716	FVOCI	84,716
X2.12.31 - 상각	현금 AC	80,000 16,528	이자수익	96,528	현금 FVOCI	80,000 16,528	이자수익	96,528
X2.12.31 - 평가	- 회계처리 없음 -				OCI	11,812	FVOCI	11,812
X3.1.1 - 취소	- 회계처리 없음 -				FVOCI	11,812	OCI	11,812
X3.1.1 - 처분	현금	1,000,000	AC **처분이익**	981,812 18,188	현금	1,000,000	FVOCI **처분이익**	981,812 18,188

- **AC금융자산과 FVOCI금융자산의 당기손익은 일치** (→ 처분손익도 일치)
- 당기손익을 일치시키기 위해 **FVOCI 금융자산의 평가손익(OCI)은 재분류 조정**
- '취소'를 하면 재분류 조정이 자동으로 됨

6. FVOCI 금융자산 출제요소

(1) FVOCI 금융자산의 당기손익(이자수익, 처분손익)

> FVOCI금융자산의 당기손익 = AC금융자산의 당기손익

두 계정의 당기손익은 일치하기 때문에 FVOCI금융자산의 당기손익(이자수익, 처분손익)을 묻는 문제에서는 **취소 및 평가 회계처리를 생략하고 AC금융자산 기준으로 계산해서 답할 것!**

(2) FVOCI 금융자산의 기타포괄손익: 취소, 평가 수행

당기손익을 묻는 문제에서는 취소 및 평가 회계처리 없이 AC금융자산 기준으로 계산하므로, **FVOCI 금융자산의 OCI를 물어볼 때만 취소, 평가를 수행하면 된다.**

① 당기말 재무상태표 상 기타포괄손익누계액(잔액) = 당기말 평가 OCI

② 손익계산서상 기타포괄손익(변동분) = 당기말 OCI - 전기말 OCI

(3) FVOCI 금융자산의 재무상태표상 기말 잔액 = 공정가치

공정가치는 문제에서 제시할 것이므로 계산할 필요 없이 문제에 주어진 숫자로 답하면 됨

김수석의 핵심 콕! 금융상품 회계처리 요약 중요!

구분	계정과목	취득부대비용	FV 평가손익	처분손익
지분상품	FVOCI선택	취득원가에 가산	OCI (재분류 조정 X)	X (OCI로 평가)
	FVPL	당기비용	PL	PL
채무상품	AC	취득원가에 가산	X	PL (처분손익 동일)
	FVOCI		OCI (재분류 조정 O)	
	FVPL	당기비용	PL	PL

(1) 취득부대비용: FVPL만 당기비용 처리, 나머지는 취득원가에 가산

(2) FV 평가손익: 계정 이름 따라

① AC: FV 평가 X, 유효이자율법 상각에 따른 상각후원가 평가

② FVOCI (선택): FV 평가, 평가손익 OCI로 인식

③ FVPL: FV 평가, 평가손익 PL로 인식

(3) 처분손익

① AC, FVPL: 처분가액 - 장부금액 (PL)

② FVOCI 선택 (지분상품): 처분 시에도 FV로 평가(OCI), 평가손익 재분류 조정 X

③ FVOCI (채무상품): AC와 처분손익(PL) 동일, 평가손익 재분류 조정 O

CHAPTER 11 자본

1 자본의 구성요소

• 자본(= 순자산): 자산에서 부채를 차감한 잔여지분
• 자본은 주식의 시가와 동일하지 않음

김수석의 핵심콕! 자본 요소별 세부 계정 ★중요!

자본 요소	세부 계정	
자본금	보통주자본금, 우선주자본금	
자본잉여금	**주식발행초과금, 자기주식처분이익, 감자차익** 등	
자본조정	차감 항목	**주식할인발행차금**, 자기주식, **자기주식처분손실, 감자차손** 등
	가산 항목	미교부주식배당금
기타포괄손익누계액	잉지재, 채해위 XO	
이익잉여금	법정적립금, 임의적립금, 미처분이익잉여금	

	구분	증자	자기주식 처분	감자
이익	자본잉여금	주식발행초과금	자기주식처분이익	감자차익
손실	자본조정	주식할인발행차금	자기주식처분손실	감자차손

이익 계정은 자본잉여금 계정, **손실 계정은 자본조정** 계정에 해당

1. 자본금

자본금 = (주당)액면금액*발행주식 수

2. 자본잉여금과 자본조정

(1) 주식발행초과금: 발행금액 - 액면금액

(2) 자기주식: 회사가 보유하고 있는 자사의 주식

• 자기주식은 자산이 아닌 자본의 차감으로 분류

(3) 자기주식처분손익: 처분이익은 자본잉여금, 처분손실은 자본조정 (당기손익 X)

(4) 감자차손익: 감자 시 발생한 이익과 손실

(5) 미교부주식배당금: 자본조정 중 자본 가산 항목

3. 기타포괄손익누계액: 잉지재, 채해위 OCI XO ★중요!

<table>
<tr><th>구분</th><th>재분류조정 여부</th></tr>
<tr><td>재평가잉여금: 유무형자산의 재평가모형</td><td rowspan="3">X</td></tr>
<tr><td>FVOCI 선택 금융자산 지분상품 평가손익</td></tr>
<tr><td>재측정요소: 확정급여제도(DB형)의 보험수리적손익</td></tr>
<tr><td>FVOCI 금융자산 채무상품 평가손익</td><td rowspan="3">O</td></tr>
<tr><td>해외사업장환산차이: 기능통화 재무제표의 표시통화로 환산
※주의: 화폐성항목의 외화환산손익은 당기손익 항목임!</td></tr>
<tr><td>위험회피적립금: 현금흐름위험회피 파생상품평가손익(효과적인 부분)</td></tr>
</table>

4. 이익잉여금

<table>
<tr><td rowspan="3">이익잉여금</td><td rowspan="2">기처분이익잉여금 (적립금 등)</td><td>법정적립금</td></tr>
<tr><td>임의적립금</td></tr>
<tr><td colspan="2">미처분이익잉여금</td></tr>
</table>

(1) 법정적립금

- 법으로 강제한 적립금으로, 배당의 재원으로 사용할 수 없으며, 자본전입이나 결손보전의 목적으로만 사용할 수 있음 예 이익준비금

(2) 임의적립금

- 기업의 목적에 따라 임의로 적립한 이익잉여금
- '~적립금', '~준비금', '~기금' 등의 계정

(3) 미처분이익잉여금

- 이익잉여금 중 아직 처분되지 않은 금액
- 배당, 적립금 적립 등에 사용

5. 이익잉여금의 마감 심화

(1) 문제 자료에 이잉이 없다면: 기말 이잉(답) = 당기순이익

(2) 문제 자료에 이잉이 있다면: 기말 이잉(답) = 자료 상 이잉(기초 이잉) + 당기순이익

(3) 중간배당이 제시된 경우: 기말 이잉(답) = 자료 상 이잉(기초 이잉) + 당기순이익 - **중간배당**

중간배당은 기중에 지급되므로 기말 이익잉여금 계산 시 차감해야 함 (↔기말배당)

2 유상증자

1. 증자와 감자

	증자: 자본금 증가	감자: 자본금 감소
유상: 자본 변동 O	**유상증자**	유상감자
무상: 자본 변동 X	**무상증자**	무상감자

(1) 증자, 감자: 자본'금' 변동 (≠자본 변동 여부)

(2) 유상, 무상: 자산 유출입 여부 (= 자본 변동 여부)

2. 현금출자 ★중요!

〈현금출자 회계처리〉

(차)	현금	발행가액	(대)	자본금	액면금액
				주식할인발행차금	기존 주할차
				주식발행초과금	XXX
	주식발행초과금	직접원가	(대)	현금	발행원가
	손실(PL)	간접원가			

(1) **발행원가:** 직접원가는 주발초 차감, 간접원가는 당기비용

• 문제에 언급이 없다면 직접원가

(2) 주식발행초과금과 주식할인발행차금 상계

주식발행초과금 증가액 = 발행가액 - 액면금액 - 직접발행원가 - 주식할인발행차금

(3) 자본 증가액 = 현금 수령액 = 발행금액 - 직접발행원가 - 간접발행원가

3. 현물출자 심화

| 현물출자 시 주식 발행금액 (= 현물출자로 취득한 자산의 취득원가) |

1순위	자산의 공정가치
2순위	주식의 공정가치

3 자본이 불변인 자본거래 ★중요!

1. 무상증자(= 준비금의 자본전입, 형식적 증자): 자본잉여금 or 법정적립금(이잉) → 자본금

- 무상증자: 자본잉여금이나 이익잉여금 항목인 법정적립금을 재원으로 증자하는 것
- 자본금 증가 (주식 수가 증가하므로)
- 자본 불변 (자본금은 증가하지만, 재원이 된 자본잉여금이나 이익잉여금이 감소하므로)

2. 주식배당: 미처분이익잉여금(이잉) → 자본금

- 주식배당: 신주를 발행하여 배당으로 지급하는 것
- 자본금 증가 (= 무상증자)
- 자본 불변 (자본금은 증가하지만, 재원이 된 이익잉여금이 감소하므로)
- 주식배당을 받은 주주: 회계처리 없음 (주식 수가 늘어나지만, 주가가 하락하여 주주의 부에는 영향이 없으므로)
- 무상증자 vs 주식배당: 자본금의 재원이 다름
- 무상증자, 주식배당 모두 액면 발행

3. 주식분할과 주식병합

- 주식분할: 하나의 주식을 여러 개의 주식으로 나누는 것
- 주식병합: 여러 개의 주식을 하나로 합하는 것
- 주식 수와 액면가만 달라질 뿐 자본총계와 자본금 모두 불변

김수석의 핵심 콕! 자본이 불변인 자본거래 요약

		무상증자	주식배당	주식분할	주식병합
자본금		도착	도착	이 안에서 나누고, 합치고	
자본잉여금		출발			
자본조정					
OCI					
이잉	법정	출발			
	미처분		출발		

김수석의 핵심 콕! 자본이 불변인 자본거래의 효과 ★중요!

	자본	자본금 =	주식수 × 액면가	
무상증자	불변	↑	↑	–
주식배당		↑	↑	–
주식분할		–	↑	↓
주식병합		–	↓	↑

- 자본금 = 주식수 × 액면가
- 무상증자, 주식배당: 액면가가 불변인 상태로 주식수가 증가하므로 자본금 증가
- 주식분할, 주식병합: 액면가가 변하므로 자본금 고정

4 자기주식 거래

1. 자기주식 취득: 자기주식은 취득원가로 계상

자기주식은 자본조정 항목으로, 자본의 차감 계정에 해당함. (not 자산 계정)

(차) 자기주식	취득원가	(대) 현금	취득원가

2. 자기주식 처분(=재발행): 자기주식처분손익 = 처분가액 - 취득원가 (액면금액 X)

(차) 현금	취득원가		(대) 자기주식	취득원가
자기주식처분손실	XXX	or	자기주식처분이익	XXX

3. 자기주식 소각: 감자차손익 = 액면금액 - 취득원가

(차) 자본금	액면금액		(대) 자기주식	취득원가
감자차손	X X X	or	감자차익	X X X

5 감자 심화

1. 유상감자 (= 실질적 감자)

자기주식 취득	(차) 자기주식	취득원가		(대) 현금	취득원가
감자	(차) 자본금	액면금액		(대) 자기주식	취득원가
(=자기주식 소각)	감자차손	X X X	or	감자차익	X X X

2. 무상감자 (= 형식적 감자)

(차) 자본금	액면금액	(대) 이월결손금	결손금
		감자차익	X X X

- 무상감자는 감자차익만 발생할 수 있고, 감자차손은 발생할 수 없다.

6 이익잉여금의 처분

1. 미처분이익잉여금의 흐름

X1년 초 미처분이익잉여금	X1.01.01
- X0년 처분	X0기 주총 (X1년 3월 경)
X1 전기이월미처분이익잉여금	(= X0 차기이월미처분이익잉여금)
- 중간배당	
+ OCI의 직접 대체 등	
+ X1년 당기순이익	
X1년 말 미처분이익잉여금	X1.12.31
- X1년 처분	X1기 주총 (X2년 3월 경)
X1 차기이월미처분이익잉여금	(= X2 전기이월미처분이익잉여금)

(1) 기초, 기말의 기준일: **회계기간 종료일**(12.31)

(2) 전기이월, 차기이월의 기준일: **주주총회 결의일**

2. 이익잉여금 처분 내용

(1) 적립금의 적립 및 이입: 이잉은 불변!

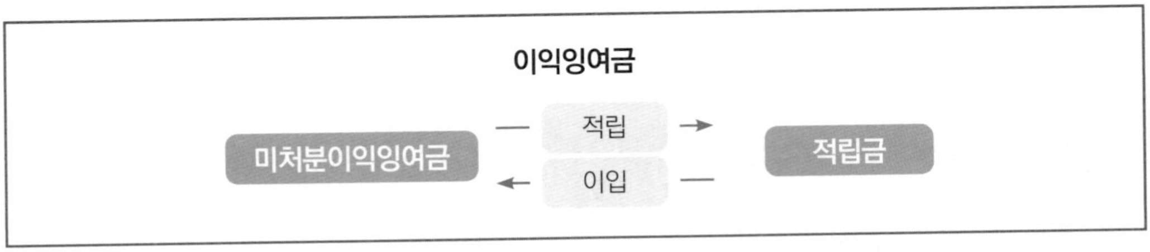

- 적립: 미처분이익잉여금을 목적에 따라 적립금으로 구분해놓는 것
- 이입: 적립금을 미처분이익잉여금으로 다시 돌려놓는 것
- 적립금의 적립 및 이입이 이루어지더라도 이익잉여금은 불변!

(2) 배당: 현금배당과 주식배당

① 현금배당: 배당금 지급은 비용이 아님

결의 시	(차) 이익잉여금	XXX	(대) 미지급배당금(부채)	XXX
지급 시	(차) 미지급배당금	XXX	(대) 현금	XXX

② 주식배당

결의 시	(차) 이익잉여금	XXX	(대) 미교부주식배당금(자본조정)	XXX
지급 시	(차) 미교부주식배당금	XXX	(대) 자본금	XXX

- 주식배당 결의 시에는 미교부주식배당금이라는 자본조정 계정 계상 (자본조정 중 유일한 가산 계정)

7 자본거래가 자본에 미치는 영향: 현금 유출입+NI+OCI

1. 현금 유출입

자본거래로 인한 자본 증감액은 현금수수액과 일치한다.

(1) 증자	'발행가액 – 발행원가'만큼 자본 증가
(2) 자기주식 취득	취득가액만큼 자본 감소
(3) 자기주식 처분	처분가액만큼 자본 증가
(4) 자기주식 소각	자본 불변
(5) 이익잉여금의 적립 및 이입	
(6) 배당	현금배당은 자본 감소, 주식배당은 자본 불변

※주의 할인발행이라고 해서 자본이 감소하는 것이 아님!

2. 당기순이익과 기타포괄이익

문제에 제시된 NI, OCI도 자본에 가산

8 자본의 변동을 가져오는 거래

: 한 변에만 자본이 계상되어 있어야 자본이 변동함!

1. 자본이 계상된 변의 수로 자본 변동 여부 판단하기

자본이 계상된 변의 수	자본 변동 여부
0	X
1	O
2	X

자본(당기손익 포함)이 계상된 변의 수가 1이어야 자본이 변동하고, 0이나 2이면 자본은 변동하지 않는다.

2. 무상취득: 자본 증가 심화

9 자본의 증감 ★중요!

1. 자본의 증감 풀이법

기초 자본	+ NI	+ 유상증자	− 현금배당	= 기말 자본
자산	수익			자산
부채	비용			부채

2. 기타포괄손익이 제시된 경우: NI 자리를 CI로 대체! 심화

기초 자본	+ CI	+ 유상증자	− 현금배당	= 기말 자본
자산	NI			자산
부채	OCI			부채

김수식의 꿀팁! 자본의 증감 실전 풀이법

기초 자본	+ CI	+ 유상증자	- 현금배당	= 기말 자본
자산	수익			자산
부채	비용			부채

10 배당액의 배분 심화

우선주	보통주
① 우선주자본금 × 배당률 × 횟수	② 보통주자본금 × 배당률
③ 남은 배당금 안분	③ 남은 배당금 안분
④ 합계	④ 합계

STEP 1 누적적/비누적적 고려하여 우선주 배당금 구하기

(1) 누적적 우선주: 배당 미지급 시 누적되어 차후에 지급해야 함.
우선주 배당금 = 우선주자본금 × 배당률 × 누적 횟수

(2) 비누적적 우선주: 배당 미지급 시 누적되지 않아 이후 배당 시에도 1년 치 배당만 지급함.
우선주 배당금 = 우선주자본금 × 배당률

STEP 2 보통주 배당금 구하기=보통주 자본금*배당률

보통주 배당률을 제시하지 않는 경우 우선주 배당률을 보통주 배당률로 사용

STEP 3 잔여 배당금 분배하기-참가적/비참가적

(1) 참가적 우선주: 남은 배당액을 우선주와 보통주의 '자본금 비율로' 배분

(2) 비참가적 우선주: 남은 배당액은 전부 보통주에게 지급

김수식의 꿀팁!

비참가적 우선주일 때 보통주 배당금=배당 총액-Step 1 우선주 배당금

11 상환우선주 심화

	분류	배당금		부채의 발행금액
의무 상환 or 보유자 요구 시 상환	부채	누적적	이자	상환금액 X 단순현가 + 배당금 X 연금현가
		비누적적	배당	상환금액 X 단순현가
발행자 임의 상환	자본	무조건 배당		0 (액면금액만큼 우선주자본금 계상)

CHAPTER 12 수익

1 수익의 정의

수익은 자산의 증가 또는 부채의 감소로서 자본의 증가를 가져오며, 자본청구권 보유자의 출자와 관련된 것은 제외한다.

2 수익인식의 5단계 ★중요!

1단계 - 계약의 식별
2단계 - 수행의무의 식별
3단계 - 거래가격의 산정
4단계 - 거래가격의 배분
5단계 - 수익인식

수익인식의 5단계 암기법: 계의산배수 (거의3배수)

3 1단계 - 계약의 식별

1. 계약의 식별 조건: 조권의상회 ★중요!

계약이란 둘 이상의 당사자 사이에 집행 가능한 권리와 의무가 생기게 하는 합의이다.

(1) **계약 승인 및 의무 확약**	계약을 승인하고 각자의 의무를 수행하기로 확약한다. : 계약의 승인이 **반드시 서면으로 이루어질 필요는 없으며**, 구두 혹은 그 밖의 사업 관행에 따라 이루어져도 된다.
(2) **권리 식별**	각 당사자의 권리를 식별할 수 있다.
(3) **지급조건 식별**	이전할 재화나 용역의 지급조건을 식별할 수 있다.
(4) **상업적 실질**	계약에 **상업적 실질이 있다.** (not 상업적 실질 결여)
(5) **회수가능성**	이전할 재화나 용역에 대한 대가의 **회수 가능성이 높다.** (not 회수가능성이 낮다.)

5가지 식별 조건을 모두 충족시켜야 함: 하나라도 충족하지 못한다면 계약으로 식별 X

2. **계약변경:** 별도 계약 VS 기존 계약 심화

개별 판매가격 반영	별도 계약에 해당하지 않는 경우	
	기존과는 구별되는 경우	기존과도 구별되지 않는 경우
(기존) (잔여) / (추가)	(기존) / (잔여) (추가)	[(기존) (잔여) (추가)]
별도 계약으로	기존 계약을 종료하고 새로운 계약을 체결한 것처럼	기존 계약의 일부인 것처럼 (누적효과 일괄조정기준)

(1) 별도 계약으로 보는 경우

계약 변경 시 아래 두 조건을 모두 충족한다면 위 그림의 '추가'를 별도 계약으로 회계처리

> ① 구별되는 약속한 재화나 용역이 추가되어 계약의 범위가 확장된다.
> ② 계약가격이 추가로 약속한 재화나 용역의 **개별 판매가격을 반영**하여 적절히 상승한다.

(2) 계약변경이 별도 계약에 해당하지 않는 경우 (기존 계약에 해당하는 경우)

계약변경이 별도 계약에 해당하지 않는 경우, 즉 기존 계약에 해당하는 경우에는 다음 중 하나의 방법으로 회계처리한다.

> ① 나머지 재화나 용역이 그 전에 이전한 재화나 용역과 구별되는 경우: **기존 계약을 종료하고 새로운 계약을 체결한 것처럼** 회계처리
> ② 나머지 재화나 용역이 그 전에 이전한 재화나 용역과 구별되지 않는 경우: **기존 계약의 일부인 것처럼** 회계처리 (누적효과 일괄조정기준)

4 2단계 - 수행의무의 식별 심화

1. 구별되는 수행의무 (여러 개)

(1) 그 자체로, 혹은 다른 자원과 함께하여 효익을 얻을 수 있다.
(2) 계약 내에서 별도로 식별할 수 있다.

2. 구별되지 않는 수행의무 (한 개)

(1) 통합, 결합산출물
(2) 고객 맞춤화
(3) 상호의존도, 상호관련성이 매우 높다

1. **준비활동:** 수행의무 X 예 강의 준비

계약을 이행하기 위해 해야 하지만 고객에게 재화나 용역을 이전하는 활동이 아니라면 그 활동은 수행의무에 포함되지 않는다.

2. **의제의무:** 수행의무 O

계약에 명시한 재화나 용역뿐만 아니라 의제의무도 수행의무로 간주할 수 있다. 따라서 수행의무에는 구두 혹은 사업 관행 등으로 동의한 것도 포함된다.

5 3단계 - 거래가격의 산정

1. 거래가격에 제삼자를 대신해서 회수한 금액은 제외한다. ★중요!

거래가격은 고객에게 재화나 용역을 이전하고 그 대가로 기업이 받을 것으로 예상하는 금액이며, 제삼자를 대신해서 회수한 금액은 제외한다.

2. 변동대가 ★중요!

고객과의 계약에서 약속한 대가는 고정금액, 변동금액 또는 둘 다를 포함할 수 있다.

(1) 변동대가 추정 방법

계약에서 약속한 대가에 변동금액이 포함된 경우에 고객에게 약속한 재화나 용역을 이전하고 그 대가로 받을 권리를 갖게 될 금액을 추정한다.

기댓값	특성이 비슷한 계약이 많은 경우
가능성이 가장 높은 금액	가능한 결과치가 두 가지인 경우

(2) 변동대가 추정치의 제약

- 불확실성이 너무 높아 추정이 불가능한 경우 변동대가를 거래대가에 포함시키지 않는다.
- 변동대가와 관련된 불확실성이 해소될 때, 이미 인식한 누적 수익 금액 중 유의적인 부분을 되돌리지 않을 가능성이 '매우 높은' 정도까지만 거래가격에 포함한다.

3. **비현금 대가:** 공정가치 측정 ★중요!

4. 유의적인 금융요소 심화

(1) 고객에게 재화나 용역을 이전하면서 유의적인 금융 효익이 제공되는 경우: 화폐의 시간가치를 반영하여 대가를 조정 (수익을 현금판매가격으로 인식하기 위함)

(2) but, 기업이 재화나 용역 이전 시점과 대가 지급 시점 간의 기간이 1년 이내라면: 유의적인 금융요소를 반영하지 않는 실무적 간편법 사용 가능

(3) 계약 개시 후에는 이자율 등이 달라져도 **할인율을 새로 수정하지 않음!**

5. 고객에게 지급할 대가 심화

<table>
<tr><td colspan="2">기업에게 이전하는 재화나 용역의 대가 X</td><td rowspan="2">거래가격에서 차감</td></tr>
<tr><td rowspan="2">기업에게 이전하는 재화나 용역의 대가 O</td><td>FV 초과 O</td></tr>
<tr><td>FV 초과 X</td><td>별도 거래로 인식</td></tr>
</table>

6 4단계 - 거래가격의 배분 심화

1. 거래가격의 배분 기준: 상대적 개별 판매가격

2. 개별 판매가격 추정 방법

(1) **시장**평가 조정 접근법: 재화와 용역을 판매하는 시장의 가격을 추정

(2) **예상원가** 이윤 가산 접근법: 예상원가를 예측하고, 적정 이윤을 더함

(3) **잔여**접근법: 총 거래가격에서 다른 재화나 용역의 개별 판매가격을 차감하여 추정

3. 할인액의 배분 심화

(1) 기업이 재화나 용역의 묶음을 보통 따로 판매하고 & 그 묶음의 할인액이 계약의 전체 할인액과 같은 경우: 할인액을 일부 수행의무들에만 배분

(2) 할인액 전체가 일부 수행의무에만 관련된다는 증거가 없는 경우: 할인액을 모든 수행의무에 배분

4. 거래가격의 변동 심화

거래가격의 후속 변동은 계약 개시시점과 같은 기준으로 계약상 수행의무에 배분한다. 따라서 계약을 개시한 후의 개별 판매가격 변동을 반영하기 위해 거래가격을 다시 배분하지는 않는다.

7 5단계 - 수익의 인식

1. 수익 인식 시점: 현금 지급 시기와 무관!

재화나 용역을 고객에게 이전하여, 고객이 재화나 용역을 통제할 때 수익을 인식한다. 따라서 자산 이전 시기와 현금 수령 시기가 다른 경우에는 자산을 이전할 때 수익을 인식한다.

상황	매출액
장기할부 판매	PV(현금 수령액)
선수금 판매	현금수령액*$(1 + R)^n$

2. 기간에 걸쳐 이행 vs 한 시점에 이행 심화

수익 인식 시점은 수행의무가 기간에 걸쳐 이행하는지, 한 시점에 이행하는지에 따라 달라진다. 수행의무가 기간에 걸쳐 이행되지 않는다면, 그 수행의무는 한 시점에 이행되는 것이다.

기간에 걸쳐: 만드는 데 오래 걸림	한 시점에: 이미 고객의 자산
'완료한 부분에 대해 지급청구권O'	'현재 지급청구권O'
'수행하는 대로 통제, 효익을 얻음'	'위험과 보상은 고객에게' '고객이 자산 인수'

(1) 기간에 걸쳐 이행하는 수행의무

① 기업 자체에는 대체 용도가 없고, 수행을 완료한 부분에 대해 지급청구권이 있다.
② 기업이 수행하는 대로 고객이 통제하는 자산이다.
③ 고객은 기업이 수행하는 대로 효익을 동시에 얻는다.

(2) 한 시점에 이행하는 수행의무: 인도기준

① 기업은 자산에 대해 현재 지급청구권이 있다.
② 자산의 소유에 따른 유의적인 위험과 보상이 고객에게 있다.
③ 기업이 자산의 물리적 점유를 이전하였다.
④ 고객이 자산을 인수하였다.
⑤ 고객에게 자산의 법적 소유권이 있다.

CHAPTER 13

회계변경 및 오류수정

1 회계변경 및 오류수정

구분		처리방법	사례
회계변경	회계추정의 변경	전진법	감가상각요소의 변경
	회계정책의 변경	소급법	원가흐름의 가정(재고) 변경
오류수정	자동조정오류		발생주의 회계처리, 재고 오류
	비자동조정오류		감가상각 오류

2 회계추정의 변경: 전진법

- 회계추정의 변경: 이전에 추정했던 사항들이 새로운 정보나 상황에 따라 변경되는 것
- 회계추정의 변경은 전진법 적용

예 감가상각요소(취득원가, 내용연수, 잔존가치, 상각방법)의 변경

3 회계정책의 변경: 소급법

- 회계정책의 변경: 기업이 적용하던 회계정책을 바꾸는 것
- 회계정책의 변경은 원칙적으로 소급법 적용

예 재고자산 원가흐름의 가정 변경

1. 소급법 풀이법

	X1	X2	X3(당기)
X1	10,000	(10,000)	
X2		(20,000)	20,000
	기초 이익잉여금		당기순이익
	기말 이익잉여금		

STEP 1 연도별 손익 변동표 그리기: 손익은 자산 변동과 동일

STEP 2 변동액은 부호만 반대로 다음 해에 적기

STEP 3 요구사항 구하기 ★중요!

(1) 당기순이익: **해당 연도만 세로로 더하기**

(2) 매출원가: **당기순이익 부호만 반대로**

(3) 이익잉여금: Σ당기순이익 ★중요!

이익잉여금은 당기순이익의 누적액

4 자동조정오류

1. 오류수정: 자동조정오류와 비자동조정오류

구분		처리방법	사례
오류수정	자동조정오류	소급법	재고자산 평가 오류, 발생주의 회계처리
	비자동조정오류		소모품 회계처리, 상각자산의 오류

2. 자동조정오류 – 재고자산 평가 오류

- 오류수정은 소급법 적용 (= 정책변경)
- 재고자산 평가 오류는 재고자산 원가흐름의 가정 변경(정책변경)과 동일하게 풀면 됨

3. 자동조정오류 – 발생주의

(1) 시산표 및 재무제표에 미치는 영향 심화

시간이 오래 걸리므로, 이 유형의 문제를 만난다면 넘긴 뒤에 마지막에 풀어야 함!

STEP 1 수정분개

- 순이익에 미치는 영향을 묻는다면: 수정분개 없이 손익변동표만 그려서 풀면 됨
- 자산, 부채, 순이익 등에 미치는 영향을 묻는다면: 시산표를 그려야 함

STEP 2 시산표에 미치는 영향 표시하기

	시산표			
	차변		대변	
	자산	비용	수익	부채
임대수익			(1,400)	1,400
이자수익	100		100	
보험료비용	2,200	(2,200)		
합계	2,300	(2,200)	(1,300)	1,400
순이익		900		
시산표	100		100	

(1) 시산표 그리기

자산 + 비용 = 수익 + 부채 (자본은 생략)

(2) 수정분개 표시하기

각 줄은 회계처리를 표시한 것이기 때문에 대차가 일치해야 함.

(3) 자산, 비용, 수익, 부채에 미치는 영향

수정분개가 자산, 비용, 수익, 부채에 미치는 영향을 전부 더해서 '합계' 줄에 기재

(4) 순이익에 미치는 영향 = 수익 – 비용 = 자산 – 부채

'법인세비용차감전순이익'에 미치는 영향 = '당기순이익'에 미치는 영향

(5) 수정후시산표의 차변합계 or 대변합계 증감

수정후시산표의 차변합계 증감 = 수정후시산표의 대변합계 증감

STEP 3 답 구하기

(1) 기말 수정분개가 미치는 영향

① 자산: 2,300 증가

② 비용: 2,200 감소

③ 수익: 1,300 감소

④ 당기순이익: 900 증가

(2) 오류가 미치는 영향: 부호 반대로!

- 우리가 만든 시산표는 '수정분개가' 재무제표에 미치는 영향을 표시한 것임
- '수정분개를 반영하지 못할 경우' 재무제표에 미치는 영향은 **우리가 표시한 영향을 부호 반대로 답해주어야 함**

5 비자동조정오류

1. 비자동조정오류 - 소모품: 자산만 보자!

회사가 소모품 구입 시	(1) 자산 처리한 경우	(2) 비용 처리한 경우
회사 소모품 계상액	기초 + 매입액	기초
소모품비 조정액	기초 + 매입액 - 기말	기초 - 기말
회계처리	소모품비 XXX / 소모품 XXX	소모품 XXX / 소모품비 XXX

2. 비자동조정오류 - 자산의 평가 심화

(1) 감가상각비: 자료상 감가상각비 인식!

(2) 재평가모형: 공정가치 평가 전의 장부금액을 공정가치로 평가하면 끝

- 오르면 OCI, 내려가면 PL

(3) 금융자산평가손익: 공정가치 평가 전의 장부금액을 공정가치로 평가하면 끝

- FVOCI (선택) 금융자산은 평가손익을 OCI로, FVPL 금융자산은 평가손익을 PL로 인식

(4) 대손충당금 설정: 문제에 제시된 자료를 바탕으로 대손충당금을 인식해주면 끝

3. 비자동조정오류 - 상각자산 심화

STEP 1 연도별 손익 변동표 그리기

		X1	X2	X3	X4
상황1	올바른	(2,500)	(2,500)	(2,500)	(2,500)
	수정 전	(10,000)	-	-	-
	(1)자산화	10,000			
	(2)감가상각	(2,500)	(2,500)	(2,500)	(2,500)
상황2	올바른	(10,000)	-	-	-
	수정 전	(2,500)	(2,500)	(2,500)	(2,500)
	(1)비용화	(10,000)			
	(2)감가상각	2,500	2,500	2,500	2,500

(1) 지출 시점: 자산화 or 비용화하기

(2) 지출 이후: 감가상각비 조정

STEP 2 금액 효과 구하기

		X1	X2	X3	
상황1	(1)자산화	10,000			→ 기계장치
	(2)감가상각	(2,500)	(2,500)	(2,500)	→ 감가상각누계액
		기초 이익잉여금		당기손익	

		X1	X2	X3	
상황2	(1)자산화	(10,000)			→ 기계장치
	(2)감가상각	2,500	2,500	2,500	→ 감가상각누계액
		기초 이익잉여금		당기손익	

(1) 당기순이익: 해당 연도만 세로로 더하기

(2) 이익잉여금: 당기순이익의 누적액

		X1	X2	X3
상황1	당기순이익에 미치는 영향	7,500	(2,500)	(2,500)
	기말 이익잉여금에 미치는 영향	7,500	5,000	2,500
상황2	당기순이익에 미치는 영향	(7,500)	2,500	2,500
	기말 이익잉여금에 미치는 영향	(7,500)	(5,000)	(2,500)

(3) 감가상각비: '감가상각' 항목 오른쪽, 당기 아래에 기록된 금액.

(4) 감가상각누계액: 감가상각비의 누적액

		X1	X2	X3
상황1	감가상각비	2,500 증가	2,500 증가	2,500 증가
	기말 감가상각누계액	2,500 증가	5,000 증가	5,000 증가
상황2	감가상각비	2,500 감소	2,500 감소	2,500 감소
	기말 감가상각누계액	2,500 감소	5,000 감소	7,500 감소

STEP 3 회계처리

- 회계처리에 표시되는 이익잉여금은 '기초' 이익잉여금임

상황1의 X3년말 수정분개〉

(차) ① 기계장치	10,000	(대) ② 감가상각누계액	7,500
③ 감가상각비	2,500	④이익잉여금	5,000

상황2의 X3년말 수정분개〉

(차) ② 감가상각누계액	7,500	(대) ① 기계장치	10,000
④ 이익잉여금	5,000	③ 감가상각비	2,500

6 회계변경 및 오류수정 말문제 대비용 기타 사항 심화

1. 정책변경 vs 추정변경

(1) 회계정책의 변경과 회계추정의 변경을 구분하는 것이 어려운 경우 추정의 변경으로 본다. ★중요!

(1) 회계정책의 변경	(2) 회계추정의 변경
① 재고자산 원가흐름의 가정 변경 ② 측정기준의 변경 ㉠ 유형자산: 원가모형 ↔ 재평가모형 ㉡ 투자부동산: 원가모형 ↔ 공정가치모형	① 감가상각자산의 내용연수 ② 재고자산 진부화 ③ 금융자산의 공정가치 ④ 대손

2. 회계정책의 변경에 해당하지 않는 사항

(1) 과거에 발생한 거래와 실질이 다른 거래에 대하여 다른 회계정책을 적용하는 경우
(2) 과거에 발생하지 않았거나 발생하였어도 중요하지 않았던 거래에 대하여 새로운 회계정책을 적용하는 경우

3. 소급적용의 제한: 적용가능한 때까지 소급적용

(1) 정책변경: 회계정책변경의 영향을 실무적으로 결정할 수 없는 경우, 소급적용의 누적효과를 실무적으로 적용가능한 최초 회계기간까지 소급적용하도록 한다.
(2) 오류수정: 전기오류는 오류의 영향을 실무적으로 결정할 수 없는 경우, 실무적으로 적용가능한 가장 이른 회계기간까지 소급적용하도록 한다.

4. 유·무형자산의 평가모형 변경 심화

Before	After	처리	비고
투부 원가모형	투부 공정가치모형	소급법	정책 변경의 원칙
유·무형 재평가모형	유·무형 원가모형		
유·무형 원가모형	유·무형 재평가모형	전진법	소급법 면제 (혜택)

CHAPTER 14 현금흐름표

1 현금흐름의 구분

	영업활동	투자활동	재무활동
I/S 항목	매출액 & 대손상각비 매출원가 급여, 판관비, 로열티	감가상각비 유형자산 처분손익	사채상환손익
B/S 항목	매출채권 매입채무 & 재고자산 단기매매증권	토지, 건물, 기계장치 등 유형자산, 무형자산 금융자산, 대여금	납입자본, 자기주식 차입금 및 사채
일반적 분류	이자수익, 이자비용, 배당금수익 법인세		배당금 지급

1. 영업활동: 매출 및 매입, 판매 및 관리 활동, 단기매매증권의 취득과 처분, 로열티

- 대부분의 계정은 영업활동으로 분류: 매출, 매입, 종업원 관련 계정 및 보험료, 임차료 등의 판관비
- 로열티: 계산문제에는 등장하지 않지만, 말문제에 자주 등장
- 단기매매증권이 영업활동인 이유: 재고자산과 유사하므로!

2. 투자활동: 유·무형자산 및 금융자산의 취득과 처분

- 투자활동: 유·무형자산 및 금융자산 등의 투자자산과 관련된 활동
- 대여금 지급/회수, 파생상품 관련 현금흐름 등

3. 재무활동: 주주와 채권자와 관련된 활동

- 주주와의 거래: 주식의 발행, 자기주식 거래, 배당 등
- 채권자와의 거래: 차입금 및 사채의 발행과 상환, 리스부채 상환 등

김수석의 꿀팁! 이연 항목의 활동 구분

계정	활동	계정	활동	영업 대응 계정
선수수익	영업	선수금	영업	N/A
선급비용		선급금		
미수수익		미수금	비영업	매출채권
미지급비용		미지급금		매입채무

① '~수익', '~비용': 영업
② '~금': 선 영업, 미 비영업!

4. 이자수익, 이자비용, 배당금 수입, 배당금 지급: 회사가 선택하여 일관되게 적용 (IFRS)

→ 문제에서 제시한 구분법을 따를 것!
문제에서 구분법을 언급하지 않았다면: 이자수취, 이자지급, 배당금수취는 영업활동으로, 배당금 지급만 재무활동으로 구분 (일반기업회계기준)

5. 법인세: 투자나 재무로 분류한다는 조건이 없다면 영업활동.

① '투자활동이나 재무활동과 명백하게 관련된 법인세 등의 납부는 없다.'	영업활동
② 법인세에 대한 언급이 전혀 없는 경우	
③ 문제에서 법인세를 재무나 투자활동으로 본다고 제시한 경우	문제의 조건에 따라 분류

K - IFRS: '법인세로 인한 현금흐름은 재무나 투자활동에 명백히 관련되지 않는 한 영업활동으로 분류한다.' → 대부분의 문제: ① 제시
② 법인세에 대한 아무런 언급이 없는 경우에도 영업활동으로 분류
문제에서 ③과 같이 제시하는 경우는 없으므로 법인세는 영업활동으로 보아도 무방

2 현금주의와 발생주의 간의 전환

: 자산은 반대로, 부채는 그대로 ★중요!

현금흐름	=	NI	-	△자산	+	△부채

① B/S 식: 자산 = 부채 + 자본
② 증감으로 표현: △자산 = △부채 + △자본
③ 자산에서 현금만 분리: △현금 + △자산 = △부채 + △자본
④ △자본을 NI로 대체: △현금 + △자산 = △부채 + NI
⑤ 현금만 남기고 반대로: △현금 = NI - △자산 + △부채

1. 이연 항목들의 자산/부채 구분 방법: 계정의 의미를 생각해보자!

	의미	구분
미수수익	안 받은 돈	자산(반대로)
선수수익	먼저 받은 돈	부채(그대로)
미지급비용	안 준 돈	
선급비용	먼저 준 돈	자산(반대로)

• '미'는 안 한 것, '선'은 먼저 한 것, '수'는 받은 것, '급'은 준 것

3 영업활동 현금흐름 - 간접법 ★중요!

1. 간접법 풀이법

① 현금흐름 = 당기순이익 - △자산 + △부채
② 영업활동 현금흐름 = 영업손익 - △영업 자산 + △영업 부채 … 직접법
③ 영업활동 현금흐름 = NI - 투자, 재무 손익 - △영업 자산 + △영업 부채 … 간접법

STEP 1 투자, 재무 I/S 계정 부인

손익 계정이 보이면 영업인지, 비영업인지 구분한 뒤, 비영업인 경우 비용이면 가산해주어야 하고, 이익이면 차감

김수석의 꿀팁! 자본거래 손익과 기타포괄손익은 무시할 것!

- 영업현금흐름을 구하기 위해서는 투자와 재무의 'I/S'계정만 부인하므로, 자본거래 손익과 기타포괄손익은 부인 X
- **자본거래 손익**(자기주식처분손익, 감자차손익 등)과 **기타포괄손익**(재평가잉여금, FVOCI금융자산 평가손익 등): 문제에 있더라도 무시

STEP 2 영업 관련 B/S 계정 증감: 자산은 반대로, 부채는 그대로

2. 총 현금흐름이 제시된 경우 심화

영업활동 현금흐름 = 총 현금흐름 - 투자활동 현금흐름 - 재무활동 현금흐름

3. 투자, 재무 손익을 제시하지 않은 경우: 회계처리를 통해 직접 구하기! 심화

4. 단기매매증권 처리 방법 심화

: 말문제에서는 영업활동, 계산문제에서는 비영업활동으로 보자!

NI	XXX
단기매매증권평가손실 (= 단기매매증권의 감소)	10,000
영업CF	XXX

5. 법인세가 등장하는 경우 심화

법인세비용차감전순이익(EBT) - 법인세비용 = 당기순이익(NI)

(1) 일반적인 풀이: NI 제시		(2) EBT와 법인세비용 제시		(3) EBT와 법인세지급액 제시	
NI	1,500	EBT	1,780	EBT	1,780
		− 법인세비용	(280)	− 법인세지급액	(180)
B/S 계정 증감	100	B/S 계정 증감	100		
영업CF	1,600	영업CF	1,600	영업CF	1,600

(1) 당기순이익을 제시한 경우

- 법인세비용: 법인세는 일반적으로 영업활동으로 분류하므로 부인 X
- 법인세 자산, 부채: 영업활동에 해당하므로 자산은 반대로, 부채는 그대로 반영

(2) EBT와 법인세비용을 제시한 경우

- 법인세비용: EBT에서 법인세비용을 차감하여 NI에서 문제 풀이 시작
- 법인세 자산, 부채: 영업활동에 해당하므로 자산은 반대로, 부채는 그대로 반영

(3) EBT와 법인세지급액을 제시한 경우

- 법인세비용: 무시
- 법인세 자산, 부채: 무시
- 법인세 지급액: 차감 (법인세비용과 자산, 부채가 반영된 금액)

4 영업활동 현금흐름 - 직접법 ★중요!

직접법: 영업활동 현금흐름 = 영업손익 - △영업 자산 + △영업 부채

영업 현금흐름	=	영업 손익	-	△영업 자산	+	△영업 부채
고객으로부터의 현금유입액	=	매출액 (대손상각비)	-	매출채권	+	대손충당금
(공급자에 대한 현금유출액)	=	(매출원가)	-	재고자산	+	매입채무
수익으로 인한 현금유입액	=	수익	-	미수수익	+	선수수익
(비용으로 인한 현금유출액)	=	(비용)	-	선급비용	+	미지급비용

김수석의 꿀 팁! 영업활동 현금흐름 직접법 vs 간접법

	간접법을 사용하는 경우	직접법을 사용하는 경우
문제에 등장하는 현금흐름	'영업활동' 현금흐름	'특정' 현금흐름
NI	문제에서 제시하거나, 물음	문제에서 제시하거나, 묻지 않음

1. 고객으로부터의 현금유입액-대손상각비 문제에 적용 ★중요!

〈대손상각비 문제를 직접법으로 풀기 위한 조건: 다음 중 3가지 이상 문제에 제시!〉

① CF(고객으로부터의 현금유입액): 매출채권 회수액 및 대손채권 회수액
② NI(손익): 매출액 및 대손상각비
③ △자산(매출채권의 증감): 기초, 기말 매출채권 잔액
④ △부채(대손충당금의 증감): 기초, 기말 대손충당금 잔액

문제에서 기말 대손충당금을 따로 제시하는 대신 기말 매출채권 중 회수예상액을 제시하는 경우: 매출채권 순액(=매출채권-대손충당금)의 증감으로 분석해야 함!

대손상각비 문제를 현금흐름표로 풀 때는 대손확정액을 무시할 것

2. 고객 및 공급자 현금흐름의 구성

(1) 현금거래 및 외상거래

> 매출액 = 현금매출 + 외상(=신용)매출
> 매입액 = 현금매입 + 외상(=신용)매입

(2) 현금거래 및 외상거래에 따른 현금흐름 구분

> 고객으로부터의 현금유입액 = 현금매출 + 외상매출 중 회수액
> 공급자에 대한 현금유출액 = 현금매입 + 외상매입 중 지급액

(3) 거래 시점에 따른 현금흐름 구분

> 고객으로부터의 현금유입액 = 기초 매출채권 회수액 + 당기 매출액 중 회수액
> 공급자에 대한 현금유출액 = 기초 매입채무 지급액 + 당기 매입액 중 지급액

5 투자활동 및 재무활동 현금흐름 심화

활동	거래	풀이법
투자활동	유형자산	직접법
재무활동	차입금	
	자본거래	△자본 − NI

1. 유형자산과 차입금 관련 현금흐름

현금흐름	=	관련 손익	−	△ 자산	+	△ 부채
유형자산 관련 순현금흐름	=	감가상각비 유형자산처분손익	−	유형자산	+	감가상각누계액
차입금 관련 순현금흐름	=	상환손익	−	N/A	+	차입금

STEP 1 관련 손익 채우기

관련 손익: 유형자산은 감가상각비와 유형자산처분손익, 차입금은 상환손익

STEP 2 자산, 부채 증감

(1) 장부금액
- '장부금액'은 유형자산의 취득원가에서 감가상각누계액을 차감한 순액을 의미
- 문제에서 **장부금액이 제시되면 감누를 고려하지 말고 자산 항목으로 처리**

(2) 감가상각누계액: 부채로 보고, 음수로 제시되더라도 양수로 보자!

STEP 3 현금흐름

- 투자, 재무활동은 현금흐름이 여러 개로 구성될 수 있음
- 대변을 먼저 마무리해서 순현금흐름을 구하고, 두 가지 현금흐름 중 한 개만 제시되어 있다면 나머지 현금흐름을 구할 것

2. 유형자산 관련 현금흐름 – 감가상각비가 제시되지 않은 경우 심화

감가상각비를 직접 계산해서 직접법 식에 대입해야 함!

> 기초 감가상각누계액 + **감가상각비** - 처분 자산의 감가상각누계액 = 기말 감가상각누계액

현금흐름	=	관련 손익	–	△ 자산	+	△ 부채
유형자산 관련 순현금흐름	=	**감가상각비** 유형자산처분손익	–	유형자산	+	감가상각누계액

3. 자본거래 관련 현금흐름 심화

> ① △현금 + △자산 = △자본 + △부채
> ② △현금 = △자본 + △부채 - △자산
> ③ 재무CF = △자본 - NI + △관련 부채 - △관련 자산
> ④ **재무CF = △자본 - NI + △관련 부채**

- 부채 변동은 미지급배당금이 있을 때 발생함.
- 배당금 지급액 = 기초 이잉 + NI - 기말 이잉

6 자산, 부채의 증감을 알 수 없는 경우

: 문제에 제시된 현금흐름 바로 이용!

김수석의 핵심콕! 현금흐름표 유형별 풀이법 요약 ★중요!

유형	풀이법
현금주의 ↔ 발생주의	CF = NI − △자산 + △부채
영업CF − 간접법	CF = NI − 투자, 재무 손익 − △영업 자산 + △영업 부채
영업CF − 직접법	CF = 관련 손익 − △관련 자산 + △관련 부채
유형자산, 차입금 CF	
− 감가비 제시 X	기초 감누 + 감가상각비 − 처분 자산의 감누 = 기말 감누
자본거래 CF	CF = △자본 − NI + △부채
자산, 부채 증감 X	문제에 제시된 현금흐름 바로 이용

7 현금흐름표 기타사항 심화

1. 직접법이 간접법보다 미래현금흐름 추정에 보다 유용한 정보를 제공한다.

2. 현금흐름을 수반하지 않는 투자, 재무활동 거래는 현금흐름표에서 제외하고, 중요한 거래는 주석으로 공시한다.

3. 회전율이 높고 금액이 크며 만기가 짧은 현금흐름은 순증감액으로 보고할 수 있다.

CHAPTER 15 기타회계

1 충당부채

1. 충당부채의 정의

지출하는 시기 또는 금액이 불확실한 부채

2. 충당부채의 인식 요건

충당부채는 다음의 요건을 모두 충족하는 경우에 인식한다.

(1) 현재의무: 과거사건의 결과로 현재의무가 존재한다.
(2) 높은 유출 가능성: 해당 의무를 이행하기 위하여 자원을 유출할 가능성이 높다.
(3) 신뢰성 있는 추정: 해당 의무를 이행하기 위한 금액을 신뢰성 있게 추정할 수 있다.

(1) 현재의무

① 의제의무 포함

② 과거사건으로 인한 의무가 기업의 미래행위와 독립적이어야 함

미래행위와 독립적 O (충당부채 O)	미래행위와 독립적 X (충당부채 X)
범칙금, 환경정화비용, 복구충당부채 법안: 제정이 거의 확실할 때에만	환경정화'장치' 설치비용 미래의 예상 영업손실 및 자산 처분이익

(2) 높은 유출 가능성: 발생할 가능성>발생하지 않을 가능성

(3) 신뢰성 있는 추정

충당부채로 인식하는 금액은 현재의무를 보고기간 말에 이행하기 위하여 필요한 지출에 대한 최선의 추정치이어야 한다.

3. 우발부채와 우발자산

(1) 우발부채의 인식 요건

다음 중 하나 이상에 해당하는 경우 우발부채로 분류하고 주석으로 공시
우발부채는 재무제표에 인식하지 X

① 잠재적 의무: 과거사건으로 생겼으나, 불확실한 미래 사건으로만 확인할 수 있는 잠재적 의무이다.
② 낮은 유출 가능성: 해당 의무를 이행하기 위하여 자원을 유출할 가능성이 높지 않다.
③ 신뢰성 있는 추정 불가: 해당 의무를 이행하기 위한 금액을 신뢰성 있게 추정할 수 없다.

(2) 우발부채 vs 충당부채: 두 조건 모두 충족해야 충당부채

	신뢰성 있는 추정 O	신뢰성 있는 추정 X
유출가능성이 높다	충당부채(B/S)	우발부채(주석)
유출가능성이 높지 않다	우발부채(주석)	
유출가능성이 아주 낮다	주석 공시도 X	

① 충당부채: 두 조건 모두 충족해야 충당부채
- 재무상태표에 충당부채로 인식하기 위해서는 높은 유출가능성과 신뢰성 있는 추정을 '모두' 충족시켜야 함
- 둘 중 하나라도 충족시키지 못한다면 주석에 우발부채로 공시

② 유출가능성이 아주 낮다면 주석에 공시할 필요도 없음

(3) 우발부채의 검토

최초에 우발부채로 공시하였더라도 이후에 충당부채의 인식조건을 충족한다면 재무상태표에 충당부채로 인식

(4) 우발자산

- 우발자산: 과거사건으로 생겼으나, 불확실한 미래 사건으로만 확인할 수 있는 잠재적 자산
- 우발자산은 발생가능성이 높을 때에만 주석으로 공시
- 발생가능성이 높지 않을 때에는 우발자산을 공시하지 않고, 수익의 실현이 '거의 확실'하다면 우발자산이 아닌 일반적인 자산으로 인식

(5) 우발부채 vs 우발자산: 부채는 높지 않아도 공시, 자산은 높아야 공시

	부채	자산
유출입가능성이 높다	충당부채(B/S)	우발자산(주석)
유출입가능성이 높지 않다	우발부채(주석)	X
유출입가능성이 아주 낮다	X	

- 우발부채는 자원의 유출가능성이 높지 않더라도 공시하는 반면, 우발자산은 자원의 유입가능성이 높아야 공시함

4. 연대보증 : 내가 갚을 부분은 충당부채, 남이 갚을 부분은 우발부채

(1) 우발부채: 제삼자와 연대하여 의무를 지는 경우에는 이행할 전체 의무 중 제삼자가 이행할 것으로 예상되는 부분

(2) 충당부채: 해당 의무 중에서 경제적 효익이 있는 자원의 유출 가능성이 높은 부분

5. 제삼자 변제 – 수익, 비용은 상계 가능

손해배상손실	1,000,000	손해배상충당부채	1,000,000
미수금	400,000	수익(or 손실)	400,000」 한도:1,000,000

(1) 자산 계상액 = min[변제 예상액, 충당부채]

- 충당부채를 결제하기 위하여 필요한 지출액을 제삼자가 변제할 것으로 예상되는 경우에는 '변제를 받을 것이 거의 확실하게 되는 때'에만 변제금액을 별도의 자산으로 회계처리

(2) 수익 – 비용 상계 가능 (not 자산 – 부채 상계)

- 충당부채와 관련하여 인식한 비용은 제삼자의 변제로 인식한 수익과 상계할 수 있음
- 자산과 부채를 상계하는 것이 아님에 주의!

6. 충당부채의 계산

(1) 당기비용: 당기 매출액과 관련하여 발생할 지출 전부를 매출 시에 인식

매출 시: (차) 비용 XXX (대) 충당부채 XXX

예 제품보증비: 당기 매출액 × 보증 설정률 or 당기 판매량 × 개당 예상 보증비

(2) 기말 충당부채 잔액: 미사용부분 = 비용으로 인식한 누적액 - 지출액의 누적액

지출 시: (차) 충당부채 XXX (대) 현금 XXX

예 제품충당부채 = 제품보증비 누적액 - 보증 지출액 누적액

(3) 경품비와 경품충당부채

경품비 = 당기 판매로 인해 지급될 것으로 예상하는 경품의 원가
= 판매량 ÷ 경품 1개당 필요한 쿠폰 매수 × 경품의 단위당 원가 × 회수율
경품충당부채 = 경품비 누적액 - 실제 지급한 경품의 원가
= 경품비 누적액 - 교환된 쿠폰 매수 ÷ 경품 1개당 필요한 쿠폰 매수 × 경품의 단위당 원가

2 주당순이익(eps)

주당순이익(eps) = 보통주순이익/가중평균유통보통주식수
= (당기순이익 - 우선주 배당금)/가중평균유통보통주식수

1. 가중평균유통보통주식수 (n)

	기초 1,1	유상증자 3,1	자기주식 취득 7,1	자기주식 처분 9,1	계
주식수 무상증자 등 가중평균	XXX *1.1 *12/12	XXX *1.1 *10/12	(XXX) *1.1 *6/12	XXX *4/12	
계	XXX	XXX	(XXX)	XXX	n

STEP 1 일자별 주식 수 변동 기재

(1) 유상증자: 유통주식수 증가

유상증자 시 유통주식수가 증가하므로 증자 주식수를 가산

(2) 자기주식 거래

① 자기주식 취득: 유통주식수 감소

② 자기주식 처분: 유통주식수 증가

③ 자기주식 소각: 유통주식수 불변

STEP 2 자본이 불변인 자본거래: 소급 적용

자본거래 이전에 발생한 주식 변동에 주식 변동비율을 곱함

STEP 3 월할 가중평균

STEP 4 n(가중평균유통보통주식수) 구하기

2. 공정가치 미만 유상증자

(1) 총 발행가 = 증자 주식 수 × 발행가액
(2) 유상증자로 보는 주식 수 = 총 발행가/공정가치
= 증자 주식 수 × 발행가액/공정가치
(3) 무상증자로 보는 주식 수 = 증자 주식 수 - 유상증자로 보는 주식 수

- 무상증자 시 소급적용하므로 무상증자로 보는 주식 수는 기존 주식과 유상증자로 보는 주식 수에 비례 배분
- 기존 주식뿐만 아니라 (2) 유상증자로 보는 주식 수에도 배분해야 한다는 것을 주의!

3. 이익 관련 비율

(1) PER(주가수익비율) = 주가/EPS

- 일반적으로 기말 주가 사용

(2) 배당성향 = 배당액/당기순이익

(3) 배당수익률 = 주당 배당액/주가

3 법인세회계

1. 일시적 차이와 영구적 차이

(1) 영구적 차이 (사외유출)

- 법인세법에서 회계상의 손익을 아예 인정하지 않는 경우 예 접대비 및 기부금의 한도초과

(2) 일시적 차이 (유보): 발생주의, 감가상각비

- 법인세법과 회계기준 사이에 손익 인식 시점에 차이가 있는 경우 예 발생주의, 감가상각비

2. 법인세회계 풀이법

	16(30%)	17(25%)	18~(20%)
EBT	500,000		
차감할 일시적 차이	100,000	(100,000)	
가산할 일시적 차이	(150,000)		150,000
과세소득	450,000		
법인세부담액	135,000	(25,000)	30,000

STEP 1 연도별 세율 표시

- 세율이 바뀌면 반드시 그 해는 구분해서 적어야 함
- 만약 세율이 전혀 바뀌지 않는다면 '당기 / 차기 이후'로 둘로만 구분

STEP 2 EBT 적기

EBT를 당년도 아래에 적기

STEP 3 세무조정 수행

- '차감할' 일시적 차이: 당기 과세소득에 가산한 뒤, 소멸 시점의 과세소득에서 차감
- '가산할' 일시적 차이: 당기 과세소득에서 차감한 뒤, 소멸 시점의 과세소득에서 가산

STEP 4 과세소득과 법인세부담액 계산

> 과세소득 = EBT ± 세무조정
> 법인세부담액 = 과세소득 × 당기 세율

STEP 5 이연법인세 자산, 부채 계산

이연법인세자산 = 차감할 일시적차이 × 소멸 시점의 세율 = 100,000 × 25% = 25,000
이연법인세부채 = 가산할 일시적차이 × 소멸 시점의 세율 = 150,000 × 20% = 30,000

- **양수가 부채, 음수가 자산**이라는 것을 주의
- 이연법인세'자산'의 경우 자산성 검토를 반드시 해야 함

STEP 6 법인세비용 계산 및 회계처리

(1) 기초 제거	이연법인세부채	기초 부채	이연법인세자산	기초 자산
(2) 기말 계상	이연법인세자산	기말 자산	이연법인세부채	기말 부채
(3) 당기 부채&비용	법인세비용	XXX	당기법인세부채	법인세부담액

(1) 기초 이연법인세 자산, 부채 제거
- '당기에 설립한', '당기 초에 영업을 시작한': 기초 이연법인세 자산, 부채 0!

(2) 기말 이연법인세 자산, 부채 계상

(3) 당기법인세부채 설정 및 법인세비용 인식
- Step 4에서 계산한 법인세부담액을 미지급법인세 혹은 당기법인세부채로 계상
- 마지막을 법인세비용으로 대차차액을 맞춰줌

3. 법인세회계 기타사항 심화

- 이연법인세자산, 부채는 유동자산(부채)으로 분류하지 아니한다.
- 이연법인세자산, 부채는 현재가치 평가를 적용하지 않는다.

4 합병 및 지분법

1. 합병과 영업권

영업권 = 이전대가 - 피투자기업의 순자산 공정가치 × 지분율
(영업권이 음수인 경우 당기손익인 '염가매수차익' 인식)

(1) 이전대가: 주식 지급 시 공정가치 이용 (not 액면금액)

(2) 피투자기업의 순자산 공정가치

FV = BV + (FV - BV)

(3) 영업권의 손상차손 및 손상차손환입: 상각 X, 손상차손환입 X

- 영업권: 상각 X, 매년 손상검사만 수행 (= 내용연수가 비한정인 무형자산)
- 영업권은 손상차손만 인식할 수 있으며, 손상차손환입은 인식할 수 없음

2. 지분법 회계처리

(1) 취득: 영업권 인식 X

- 관계기업투자 취득 시에는 취득원가로 기록
- 영업권 상당액은 별도의 계정으로 인식하는 것이 아니라, 관계기업투자 장부금액에 포함

(2) 배당: 지분율 곱해야 함!

배당금 수령액 = 배당 × 지분율

- 배당금 수령액을 수익이 아닌 관계기업투자의 감소로 계상
- 문제에서 제시한 배당액은 전체 배당액이므로, 배당액에 투자자의 지분율을 곱해야 함

(3) 지분법이익 및 지분법자본변동

지분법이익 = 당기순이익 × 지분율 지분법자본변동 = 기타포괄손익 × 지분율

3. 관계기업투자의 변동

취득원가		관계기업투자 취득원가
배당	*지분율 =	(배당 수령액)
NI	*지분율 =	지분법이익
OCI	*지분율 =	지분법자본변동
계		관계기업투자 장부금액

수석 합격의 핵심 비법!
무한 반복 학습을 도와줄
획기적인 요약서

김 용 재

코어 공무원 회계학

요 약 노 트

P·A·R·T

02

원가관리회계

Chapter 01. 원가회계의 기초
Chapter 02. 보조부문원가의 배부
Chapter 03. 변동원가
Chapter 04. CVP분석
Chapter 05. 고저점법
Chapter 06. 종합원가
Chapter 07. 결합원가
Chapter 08. 표준원가
Chapter 09. 개별원가
Chapter 10. 활동기준원가
Chapter 11. 기타 관리회계

CHAPTER 01 원가회계의 기초

1 원가회계의 개념

	재무회계	원가회계
대상 기업	상기업	제조기업
재고자산	상품(구입)	제품(제조)

2 원가의 분류

1. 원가행태에 따른 분류

	총원가	단위당 원가
변동원가	조업도에 비례	고정
고정원가	고정	조업도에 반비례

(1) 변동원가 예 단과

- 관련범위 내에서 조업도의 증가에 따라 총원가가 일정하게 증가하는 원가
- 단위당 변동원가는 조업도의 변화와 관계없이 고정
- 직접재료원가, 직접노무원가, 변동제조간접원가, 변동판매관리비가 변동원가에 해당

(2) 고정원가 예 프리패스

- 조업도가 변하더라도 총원가가 일정한 원가
- 단위당 고정원가는 조업도에 반비례
- 고정제조간접원가, 고정판매관리비가 고정원가에 해당

(3) 준변동원가 예 택시비

- 변동원가와 고정원가가 모두 포함되어있는 원가
- 조업도가 0이어도 고정원가 발생, 조업도가 증가하는 만큼 추가로 변동원가 발생

(4) 준고정원가(= 계단원가) 예 45인승 전세버스

- 관련범위 내에서는 조업도에 관계없이 원가가 불변인 고정원가의 형태를 띠지만, 관련범위를 벗어나면 그 고정원가가 변동하여 변동원가적 성격도 띠는 원가 (= 계단원가)

3 제조원가의 분류

1. 기본원가, 기초원가 VS 가공원가, 전환원가 ★중요!

<table>
<tr><th colspan="3">제조원가</th></tr>
<tr><th>직접재료원가(DM)</th><th>직접노무원가(DL)</th><th>제조간접원가(OH)</th></tr>
<tr><td colspan="2">기본원가, 기초원가</td><td></td></tr>
<tr><td></td><td colspan="2">가공원가, 전환원가</td></tr>
</table>

(1) 기본원가, 기초원가 = DM + DL

(2) 가공원가, 전환원가 = DL + OH

2. 비제조원가

- 판매비와관리비가 비제조원가에 해당
- 변동판매관리비와 고정판매관리비로 구분

김수석의 꿀팁! **제조간접원가 vs 비제조원가: 공장과 관련이 있으면 OH, 공장과 무관하면 비제조원가**

생산시설(공장)에서 발생한 비용이면 **제조간접원가**로 분류하지만, **본사 건물, 영업**과 관련하여 발생한 비용은 **비제조원가**(판관비)로 분류

김수석의 핵심 콕! 원가의 분류 요약

	제조원가				비제조원가	
	DM	DL	변동OH	고정OH	변동판관비	고정판관비
직접 vs 간접	직접원가		간접원가			
변동 vs 고정	변동원가			고정원가	변동원가	고정원가
제조원가 구분	기본원가, 기초원가					
		가공원가, 전환원가				

4 제조원가의 흐름 ★중요!

1. 제조기업의 원가 흐름 계정별 원장

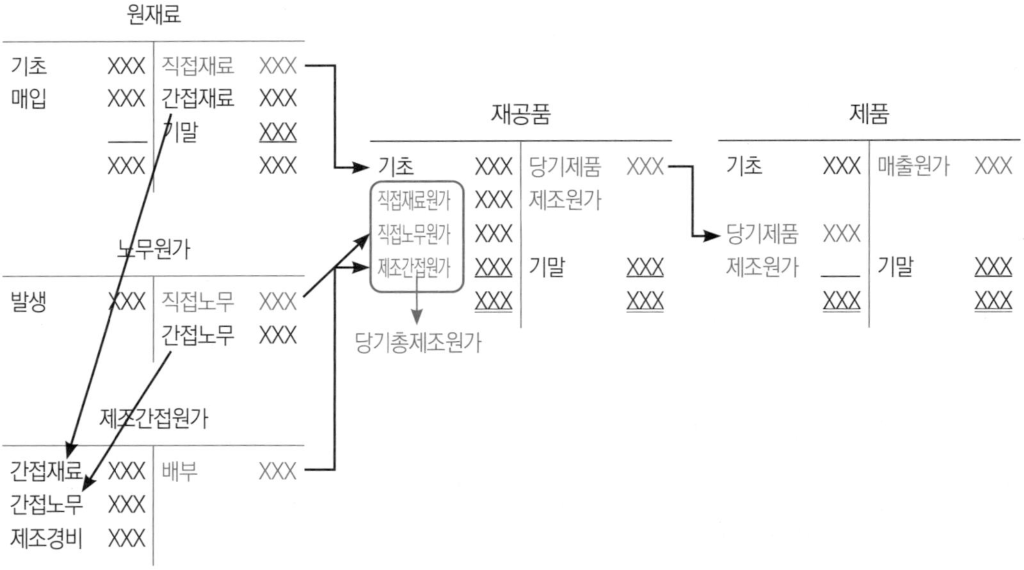

2. 제조원가의 흐름 도식화 풀이법 ★중요!

	가산		차감		
원재료	기초 매입액	XXX XXX	기말	XXX	┘ DM
가공원가	DL OH	XXX XXX			┘ 당기총제조원가
재공품	기초	XXX	기말	XXX	┘ 당기제품제조원가
제품	기초	XXX	기말	XXX	┘ 매출원가

- 직접재료원가(DM) = 기초 원재료 + 매입액 - 기말 원재료
- 당기총제조원가 = DM + DL + OH
- 당기제품제조원가 = 기초 재공품 + 당기총제조원가 - 기말 재공품
- 매출원가 = 기초 제품 + 당기제품제조원가 - 기말 제품

김수석의 꿀 팁! 문제의 요구사항 바로 구하기

중간, 중간 금액을 계산하는 것이 아니라, 문제의 요구사항을 한 번에 계산하자!

김수석의 꿀 팁! 'A는 B의 60%이다.' ★중요!

B를 1로 볼 것!

김수석의 꿀 팁! 임금 지급액이 제시된 경우 직접노무원가 구하기

CF	=	NI	-	△자산	+	△부채
(직접노무원가 지급액)		(직접노무원가)		선급임금		미지급임금

- 선급임금의 증감은 반대로, 미지급임금의 증감은 그대로 반영

CHAPTER

02 보조부문원가의 배부

1 보조부문원가의 배부

1. 보조부문원가의 배부 방법

보조부문 1개	보조부문 2개
단일배부율법	직접배부법
이중배부율법	단계배부법
	상호배부법 심화

2 보조부문이 1개일 때

1. 단일배부율법 (거의 출제 X)

: 보조부문원가를 변동원가와 고정원가로 구분하지 않고, 하나의 기준으로 한꺼번에 배부하는 방법

2. 이중배부율법 (가장 많이 출제)

: 보조부문원가를 변동원가와 고정원가로 나누어 각기 다른 기준을 적용하여 배부하는 방법

변동원가	실제사용량
고정원가	최대사용가능량

	제조부문1	제조부문2	계
변동원가	XXX	XXX	변동원가 계
고정원가	XXX	XXX	고정원가 계
계	XXX	XXX	

3 보조부문이 2개일 때

배부법	보조부문간 상호 용역수수 관계 인식 정도	원가계산의 정확도(=난이도)
직접배부법	전혀 인식X	하
단계배부법	부분적으로 인식	중
상호배부법	완전히 인식	상

- 표에서 아래로 내려갈수록 상호 용역수수 관계를 인식하는 정도가 높아지면서 원가계산이 어려워지는 대신, 정확도는 제고
- 보조부문 간의 용역 제공이 중요할수록 표의 하단부에 있는 방법을 사용하는 것이 적합함
- 상호배부법의 경우 연립방정식을 이용하여 원가계산은 어렵지만 가장 정확

1. 직접배부법

- 보조부문 간의 용역 제공을 전혀 인식하지 않는 방법
- 상호 용역 제공이 있더라도 이를 무시하고 보조부문 원가를 제조부문에만 배부

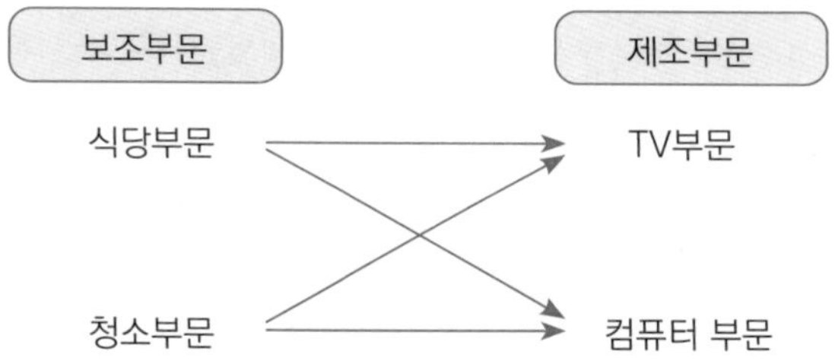

2. 단계배부법 ★중요!

- 보조부문 간의 용역 제공을 '일부만' 인식하는 방법

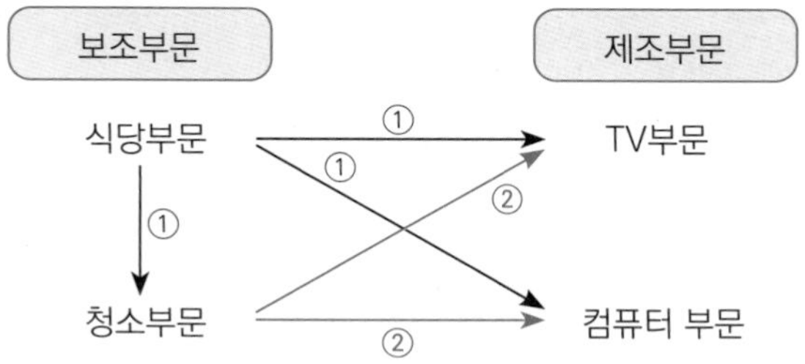

STEP 1 **보조부문원가 배부순서를 확인하고, 1순위 보조부문원가를 배부하기**

	식당부문	청소부문	제조부문A	제조부문B
배부 전	20,000	10,000		
식당부문	(20,000)	8,000	6,000	6,000

STEP 2 **Step 1에서 배부받은 보조부문원가를 포함하여, 2순위 보조부문원가를 배부하기**

- **1순위 보조부문에는 배부 X**

	식당부문	청소부문	제조부문A	제조부문B
배부 전	20,000	10,000		
식당부문	(20,000)	8,000	6,000	6,000
배부 후	-	18,000		
청소부문		(18,000)	13,500	4,500
배부 후		-	19,500	10,500

※ 주의 자료 제시 순서와, 배부 순서가 다를 수 있음! 심화

반드시 문제에서 설정한 배부 순서를 확인하여 **자료 제시 순서가 아닌 배부 순서대로 표를 그려야 함!**

※ 주의 **배부될 보조부문원가 vs 배분 후 원가**

'배부될 보조부문원가': 보조부문원가만 포함

'배분 후 원가': 제조부문원가+보조부문원가

3. 상호배부법 심화

$$X = aY + b$$
$$Y = cX + d$$

- 보조부문 간의 용역 제공을 완전히 인식하는 방법
- 연립방정식을 풀어야 하므로 실전에서 출제가 되더라도 풀지 말고 넘길 것!

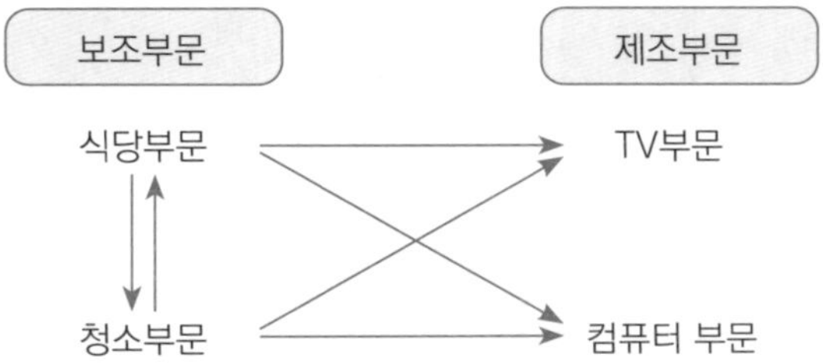

CHAPTER 03

변동원가

1 원가계산의 구분

<table>
<tr><th colspan="2"></th><th>전부원가계산</th><th>변동원가계산</th><th>초변동원가계산</th></tr>
<tr><td colspan="2">DM</td><td rowspan="4">제품원가</td><td rowspan="3">제품원가</td><td>제품원가</td></tr>
<tr><td rowspan="2">변동
가공원가</td><td>DL</td><td rowspan="4">기간원가</td></tr>
<tr><td>변동OH</td></tr>
<tr><td colspan="2">고정OH</td><td rowspan="2">기간원가</td></tr>
<tr><td colspan="2">변동, 고정 판관비</td><td>기간원가</td></tr>
</table>

1. 전부원가계산

- 모든 제조원가를 제품원가에 포함시키는 방법 (판관비까지 제품원가에 포함되는 것은 X)

2. 변동원가계산

- 변동제조원가만 제품원가에 포함시키는 방법
- 고정제조간접원가를 제외한 직접재료원가, 직접노무원가, 변동제조간접원가가 제품원가에 포함

3. 초변동원가계산

- 직접재료원가만 제품원가에 포함시키는 방법

2 전부원가계산과 변동원가계산의 손익계산서

전부원가계산

1. 매출액		XXX
2. 매출원가		
기초제품재고액	XXX	
당기제품제조원가	XXX	
기말제품재고액	(XXX)	(XXX)
3. 매출총이익		XXX
4. 판매비와 관리비		
변동판관비	XXX	
고정판관비	XXX	(XXX)
5. 영업이익		XXX

변동원가계산

1. 매출액		XXX
2. 변동원가		
변동매출원가	XXX	
변동판관비	XXX	(XXX)
3. 공헌이익		XXX
4. 고정원가		
고정제조간접원가	XXX	
고정판관비	XXX	(XXX)
5. 영업이익		XXX

1. 전부원가계산

- 모든 비용을 매출원가와 판관비로 구분
- 매출총이익 = 매출액 - 매출원가
- 영업이익 = 매출총이익 - 판관비

2. 변동원가계산

(1) 공헌이익 = (판매가격 - 단위당 변동제조원가 - 단위당 변동판관비)*판매량

(2) 영업이익 = 공헌이익 - 고정제조간접원가 - 고정판관비

(3) 기말 제품원가: 기말 재고량*단위당 변동제조원가

3 생산량 증가가 원가계산방법별 이익에 미치는 영향

	전부원가	변동원가
당기 이익	↑	-
차기 이익	↓	-

1. 전부원가계산: 생산량 증가 시 당기 이익 증가 & 차기 이익 감소

2. 변동원가계산: 생산량 증가 시 이익 불변!

4 변동원가계산과 전부원가계산의 이익 차이 ★중요!

변동원가계산의 이익

(1) + 기말 재고자산에 포함된 고정OH
(2) − 기초 재고자산에 포함된 고정OH

= 전부원가계산의 이익

• 기말 재고자산에 포함된 고정OH
= 고정OH 배부율 × 기말 재고량

• 고정OH 배부율(=단위당 고정OH)
= 고정OH ÷ **생산량**(not 판매량)

김수석의 꿀팁! **'신설법인인 ㈜한국은~', '당기에 영업을 개시한 ㈜한국은~'**

→ 기초 재고자산은 없다.
→ 기말 재고 = 생산량 − 판매량
→ 무조건 전부원가 이익〉변동원가 이익!

5 전부원가계산과 변동원가계산의 의의와 한계

	전부원가계산	변동원가계산
의의	회계기준에서 인정함	의사결정 및 성과평가에 유용
한계	생산량 변동을 통한 이익 조작의 가능성	회계기준에서 인정하지 않음

CHAPTER

04 CVP분석

1 공헌이익률, 변동비율

- 공헌이익 = 매출액 - 변동원가 = (단위당 판매가격 - 단위당 변동원가) × 판매량
  ('단위당 공헌이익')
- 단위당 공헌이익 = 공헌이익 ÷ 판매량 = 단위당 판매가격 - 단위당 변동원가
- 공헌이익률: 공헌이익/매출액 = 단위당 공헌이익 ÷ 단위당 판매가격
- 변동비율: 변동원가/매출액
- 공헌이익률 + 변동비율 = 1, 변동비율 = 1 - 공헌이익률, 공헌이익률 = 1 - 변동비율

2 손익분기점 및 목표이익 CVP분석 ★중요!

1. 손익분기점

손익분기점에서는 영업이익이 0이므로 공헌이익과 고정원가가 일치

판매량	매출액
공헌이익 = 판매량 × 단위당 공헌이익 = 고정원가	공헌이익 = 매출액 × 공헌이익률 = 고정원가
손익분기점 판매량 = 고정원가÷단위당 공헌이익	**손익분기점 매출액 = 고정원가÷공헌이익률**

- 판매량은 이익으로 나누어야 구할 수 있고, 매출액은 비율로 나누어야 구할 수 있다!

2. 목표이익 CVP분석

- 손익분기점: 공헌이익 = 고정원가
- 목표이익이 있는 경우: 공헌이익 = 고정원가 + 목표이익

김수석의 핵심 콕! 손익분기점과 목표이익 달성을 위한 판매량, 매출액 중요!

	판매량	매출액
손익분기점	고정원가 ÷ 단위당 공헌이익	고정원가 ÷ 공헌이익률
목표이익 달성을 위한	(고정원가 + 목표이익) ÷ 단위당 공헌이익	(고정원가 + 목표이익) ÷ 공헌이익률

3. 법인세를 고려한 CVP분석

- 세후 이익 = 세전 이익 × (1 - 세율)
- 세후 이익/(1 - 세율) = 세전 이익

김수석의 꿀 팁!

법인세가 있더라도 손익분기점을 물었다면 법인세 무시!

4. 누진세율인 경우 심화

STEP 1 최초세율 구간의 세후이익 구하기

최초세율 구간 세후이익 = 최초세율 구간 범위 × (1 − 최초 세율)

STEP 2 누진세율 구간의 세후이익 구하기

누진세율 구간 세후이익 = 목표세후이익 − 최초세율 구간 세후이익

STEP 3 총 세전이익 구하기

누진세율 구간 세전이익 = 누진세율 구간 세후이익 / (1 − 누진세율)

총 세전이익 = 최초세율 구간 범위 + 누진세율 구간 세전이익

STEP 4 답 구하기

목표 세전이익을 구했으므로, 일반적인 목표이익 CVP분석과 동일한 방법으로 계산

3 안전한계와 영업레버리지도

- 안전한계 (매출액): 현재 매출액 - 손익분기점 매출액
- 안전한계 판매량: 현재 판매량 - 손익분기점 판매량
- 안전한계율: 안전한계 판매량 ÷ 현재 판매량 = 안전한계 (매출액) ÷ 현재 매출액
- 영업레버리지도 = △영업이익/△매출액 = 공헌이익/영업이익 = 1/안전한계율

- 아무 수식어 없이 '안전한계'는 매출액을 의미
- 안전한계 (or 판매량) 를 구하기 위해서는 손익분기점 매출액 (or 판매량)을 먼저 구해야 함!
- 영업레버리지도는 안전한계율의 역수

김수석의 꿀 팁! 영업레버리지도 공식 암기법

매출액	50,000
변동원가	(30,000)
공헌이익	20,000
고정원가	~~(10,000)~~
영업이익	10,000

DOL = 2

공헌이익과 영업이익 사이에 가로로 줄을 그으면 영업레버리지도를 계산할 수 있다.

4 완화된 가정의 CVP 분석 심화

1. 단위당 판매가격 및 변동원가가 변하는 경우

- 단위당 판매가격 및 변동원가가 변하게 되면 단위당 공헌이익이 변함
- 기본식(영업이익 = 공헌이익 - 고정원가)에서 문제에서 묻는 미지수를 x로 놓고 풀 것

2. 조업도에 따라 고정원가가 변하는 경우

- 조업도에 따라 고정원가가 변하는 경우에는 고정원가가 준고정원가(계단원가)의 형태를 띔
- 조업도 계산 후에 조업도가 관련 범위에 들어오는지 반드시 확인해야 함

김수석의 꿀 팁!

조업도에 따라 고정원가가 변하는 경우: 답은 두 번째 관련 범위에서 나옴!

5 복수제품 CVP 분석 심화

STEP 1 제품별 단위당 공헌이익 구하기

단위당 공헌이익 = 단위당 판매가격 − 단위당 변동원가
= 단위당 판매가격 × 공헌이익률

STEP 2 Set당 공헌이익 구하기

Set당 공헌이익 = Σ각 제품의 단위당 공헌이익*각 제품별 Set내 수량

STEP 3 손익분기점 or 목표이익 Set 판매량 구하기

Set 판매량 = (고정원가 + 목표이익) / Set당 공헌이익

- 목표이익이 있다면: 문제에서 제시한 목표이익을 대입
- 손익분기점을 구한다면: 목표이익에 0을 대입

STEP 4 개별 제품의 판매량 및 매출액 구하기

(1) 각 제품의 판매량 = Set 판매량 × 각 제품별 Set내 수량
(2) 각 제품의 매출액 = 각 제품의 판매량 × 단위당 판매가격

	X(4)	Y(1)
단위당 공헌이익	단위당 판매가격 −단위당 변동원가	단위당 판매가격 −단위당 변동원가
Set당 공헌이익	X의 단위당 공헌이익 × 4+Y의 단위당 공헌이익 × 1	
손익분기점 Set 판매량 or 목표이익 Set 판매량	고정원가 / Set당 공헌이익 or (고정원가+목표이익) / Set당 공헌이익	
제품별 판매량	Set 판매량 × 4	Set 판매량 × 1

CHAPTER

05 고저점법

1 고저점법

원가함수가 직선이라고 가정하고, **최고조업도와 최저조업도의 원가를 직선으로 연결하여 원가함수를 추정하는 방법**

y = ax + b (a: 단위당 변동원가, b: 고정원가)

STEP 1 단위당 변동원가 구하기

단위당 변동원가 = (최고조업도의 원가 − 최저조업도의 원가) ÷ (최고조업도 − 최저조업도)

STEP 2 고정원가 구하기

최고조업도와 최저조업도 중 계산이 편한 조업도를 하나 골라 'y = ax + b' 식에 대입하여 b를 구한다.

STEP 3 문제에서 제시한 조업도의 원가 구하기

Step 2에서 구한 원가함수에 새로운 조업도를 대입하여 원가 계산

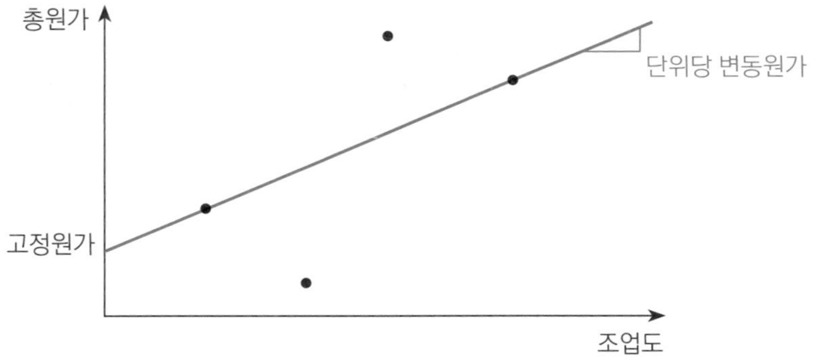

※주의 고저점법은 원가가 아닌 **조업도**의 최고, 최저점을 이용하는 것임!
위 그림을 보면, ' ÷ ' (나누기) 기호와 비슷하게 생겼다. 실전에서 헷갈린다면 나누기 기호를 떠올리자. 조업도의 최고, 최저점을 연결해서 원가함수를 추정하고 있다.

CHAPTER 06 종합원가

1 종합원가

동종 제품을 대량으로 생산하는 업종에서 사용하는 원가계산방법

2 종합원가 풀이법

재공품(FIFO) / 완성품환산량

차변		대변		재료원가	가공원가
기초	80 (1)(0.5)	완성	200		
			80 (0)(0.5)	-	40
			120 (1)(1)	120	120
착수		기말	40 (1)(0.5)	40	20
				160	180

재공품(평균법) / 완성품환산량

차변		대변		재료원가	가공원가
기초	80 (1)(0.5)	완성	200 (1)(1)	200	200
착수		기말	40 (1)(0.5)	40	20
				240	220

STEP 1 재공품 T계정 그리기: 기초 + 착수 = 완성 + 기말

- **T 위에 재공품을 쓴 뒤 괄호 열고 원가흐름의 가정을 쓰자!**
- '기초 + 착수 = 완성 + 기말'을 이용하여 T계정에 물량을 채울 것
- FIFO이면 **완성품 중 기초 재공품이 완성된 부분**과 당기에 투입해서 완성된 부분을 **구분 표시**

STEP 2 T계정에 완성도 표시하기

(1) 재공품의 완성도 표시하기

① "재료원가는 공정 초기에 투입되고, 가공원가는 전 공정을 통해 균등하게 투입"

: **재료원가 완성도 = 1, 가공원가 완성도 = 재공품 완성도**

② "모든 원가는 전 공정을 통해 균등하게 투입"

: **모든 원가 완성도 = 재공품 완성도**

(2) 완성품의 완성도 표시하기

김수석의 핵심 콕! 종합원가계산 시 선입선출법과 평균법의 비교 ★중요!

	선입선출법	평균법
재공품 T계정 그리기	기초 + 착수 = 완성 + 기말	
T계정에 완성도 표시하기	**기초 재공품이 완성된 부분은 '1 − 기초 재공품 완성도'**	**완성품의 완성도 = 1**
완성품 환산량 ★중요!	완성품 환산량 = 수량 × 완성도	
완환량 단위당 원가	당기제조원가 / 완성품환산량	(**기초 재공품원가** + 당기제조원가) / 완성품환산량
완성품 원가	재료, 가공원가 단위당 원가 × 완환량 **+ 기초 재공품원가**	재료, 가공원가 단위당 원가 × 완환량
기말 재공품 원가	재료원가의 단위당 원가 × 기말 재공품의 재료원가 완환량 + 가공원가의 단위당 원가 × 기말 재공품의 가공원가 완환량	

※주의 FIFO 적용 시 완성품원가: 기초 재공품 원가 포함!

3 평균법과 선입선출법의 완성품환산량 차이 심화

평균법 완성품환산량 - 선입선출법 완성품환산량 = 기초 재공품의 완성품환산량

1. 평균법과 선입선출법의 완성품환산량이 일치할 조건: 기초 재공품 없음!

2. 평균법과 선입선출법의 완성품환산량을 제시하고 기초 재공품의 완성도를 묻는 문제

- 기초 재공품 완성도 $= \dfrac{\text{기초 재공품 가공원가 완환량}}{\text{기초 재공품 재료원가 완환량}}$

$= \dfrac{\text{평균법 가공원가 완환량 - FIFO 가공원가 완환량}}{\text{평균법 재료원가 완환량 - FIFO 재료원가 완환량}}$

	평균법		FIFO		기초 재공품 완성도
가공원가	XXX	−	XXX	=	XXX
재료원가	XXX	−	XXX	=	XXX

4 공손

1. 정상공손수량 계산 방법

(1) 검사시점 통과기준

> 정상공손수량 = 당기 중 검사를 통과한 물량 × 정상공손허용률

재공품

기초	50	완성	150
		① 50	
		② 100	
		공손	100
		정상	
		비정상	
착수	300	기말	③ 100

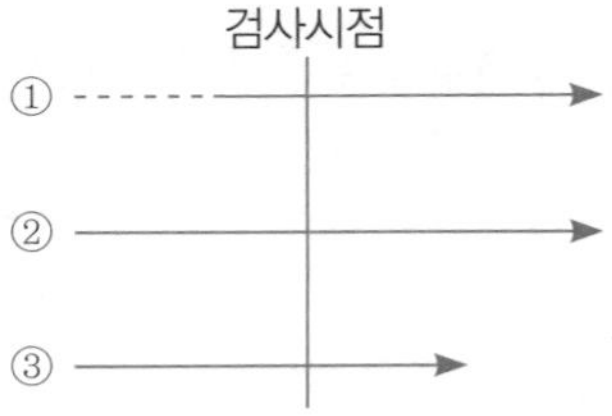

> ① 기초 재공품이 완성된 물량: '기초 재공품의 완성도〈검사 시점의 완성도'이면 통과
> ② 당기에 착수하여 완성된 물량: 무조건 통과
> ③ 기말 재공품: '기말 재공품의 완성도〉검사 시점의 완성도'이면 통과

- '당기 중 검사를 통과한' 물량에 *(별표) 표시할 것!
- 정상공손수량 = *표시한 물량 × 정상공손허용률
- 비정상공손수량 = 전체 공손수량 - 정상공손수량

※주의 정상공손수량은 평균법, 선입선출법 적용과 관계없이 동일!

2. 공손품의 완성도

: 재료원가 완성도 = 1, 가공원가 완성도 = 검사 시점

공손품에는 검사 시점까지만 원가가 투입되며, 추가로 원가를 투입하지 않음.

3. 정상공손원가(정상품에 배부) 및 비정상공손원가(비용)

CHAPTER 07 결합원가

1 순실현가치법(NRV법)

	① 매출액	② NRV	⑤ 결합원가	⑥ 제조원가
A	공정가치 × 생산량	매출액 - 추가가공원가	④ 총 결합원가 × $\frac{\text{② NRVa}}{\text{③ NRV합계}}$	A 결합원가 + 추가가공원가
B	XXX	XXX		
계		③ NRV 합계	④ 총 결합원가	

STEP 1 매출액 구하기

①매출액 = 공정가치 × 생산량

STEP 2 순실현가치(NRV) 구하기

②NRV = 매출액 - 추가가공원가

위 식을 이용하여 ②제품별 NRV를 계산한 뒤, ③NRV 합계를 구함

※주의 매출액 및 NRV 계산 시 판매량이 아닌 **생산량**을 이용할 것!

STEP 3 결합원가 배분하기

문제에 제시된 ④총 결합원가를 Step 2에서 구한 NRV의 비율대로 ⑤각 결합제품에 배부

STEP 4 제품별 제조원가 구하기

'**제조원가**'를 물었다면 결합원가 이후의 ⑥**추가가공원가까지** 가산

김수석의 꿀팁! 요구사항을 잘 읽고, 문제에서 묻는 제품만 계산하자!

- NRV까지는 모든 제품을 계산해야 함
- 결합원가 배부 과정부터 문제에서 묻는 제품만 계산하면 됨

2 균등이익률법

	매출액	제조원가	결합원가
A	① 공정가치 × 생산량	③ 매출액 × 매출원가율	④ 제조원가 − 추가가공원가
B	XXX		
계	②기업 전체의 매출액		

STEP 1 기업 전체의 매출액 구하기

①각 결합제품의 매출액을 구한 뒤, ②기업 전체의 매출액을 계산

STEP 2 기업 전체의 매출원가율 구하기

기업 전체의 매출원가율 = 기업 전체의 제조원가/기업 전체의 매출액
= (**총 결합원가** + 총 추가가공원가)/기업 전체의 매출액

• 기업 전체의 제조원가를 구할 때 결합원가를 빼놓지 않도록 주의!

STEP 3 각 제품의 제조원가 구하기

각 제품의 제조원가 = 각 제품의 매출액 × 기업 전체의 매출원가율

STEP 4 개별제품의 결합원가 구하기

각 제품의 결합원가 = 각 제품의 제조원가 − 추가가공원가

김수석의 핵심 콕! 순실현가치법과 균등이익률법의 비교

NRV법	균등이익률법
① 결합원가 추가가공원가	① 제조원가 (추가가공원가)
② 제조원가	② 결합원가

- NRV법: NRV를 이용하여 **결합원가를 먼저 배부한 뒤**, 추가가공원가를 가산하여 **제조원가 계산**
- 균등이익률법: 매출원가율을 이용하여 **제조원가를 먼저 구한 뒤**, 추가가공원가를 차감하여 **결합원가 계산**

※주의 **균등이익률법을 적용할 경우 부(−)의 결합원가가 배부될 수 있음**

3 분리점에서의 판매가치법 심화

분리점에서의 판매가치=분리점에서의 생산량 × 분리점에서의 판매가격

- 분리점에서의 판매가치를 계산할 때 판매량이 아닌 생산량을 이용
- '분리점'에서의 판매가치를 기준으로 배부 (not 추가 가공이 끝난 시점의 판매가치)

CHAPTER

08 표준원가

1 차이분석

실제원가 AQ × AP		변동예산(투입량기준) AQ × SP		변동예산(산출량기준) SQ × SP
= XXX	가격차이	= XXX	능률차이	= XXX

└ 변동예산차이(= 총 차이) ┘

1. 원가 계산 방법

(1) AQ*AP: 실제 투입량에 단위당 실제가격을 곱한 값 (실제 원가)

(2) AQ*SP: 실제 투입량에 단위당 표준가격을 곱한 값

(3) SQ*SP: 표준 투입량에 단위당 표준가격을 곱한 값

> SQ: 실제 산출량(생산량) × 단위당 표준 투입량 ★중요!

- SQ는 '표준' 투입량이지만 '실제' 생산량을 곱한다는 것 주의!

2. 차이 계산방법

(1) 가격차이와 능률차이(가능)

① 가격차이: AQ × AP와 AQ × SP의 차이 = AQ × (AP - SP)

② 능률차이: AQ × SP와 SQ × SP의 차이 = SP × (AQ - SQ)

	가격차이	능률차이
DM	가격차이	능률차이, **수량차이**, 사용차이
DL	가격차이, **임률차이**	능률차이, 시간차이
변동OH	소비차이	능률차이
고정OH	예산차이	조업도차이

(2) 유리한 차이와 불리한 차이: 왼쪽이 크면 불리!

유리한 차이	실제 원가 〈 예산 원가
불리한 차이	실제 원가 〉 예산 원가

2 직접재료원가 차이분석

모든 변동제조원가(DM, DL, 변동OH)는 기본적인 표준원가 차이분석법을 이용하면 됨

3 직접노무원가 차이분석

1. 능률차이를 묻는 유형

	AQ × AP		AQ × SP		SQ × SP
DL	= 실제 발생액	임률차이 XXX	AQ × ②SP = ①XXX	능률차이 ⑤XXX	SQ × ③SP = ④XXX

① 실제 발생액에서 임률차이를 반영하여 가운데 줄 금액을 구한다.
② 가운데 줄 금액을 AQ로 나누어 SP를 구한다.
③ SP는 동일하므로 ②의 SP를 오른쪽 줄에 쓴다.
④ SP에 SQ를 곱해서 오른쪽 줄 금액을 구한다.
⑤ 오른쪽 줄과 가운데 줄의 차이가 능률차이이다.

2. 실제 임률(AP)을 묻는 유형

	AQ × AP		AQ × SP		SQ × SP
DL	③AQ × ⑤AP = ④XXX	임률차이 XXX	③AQ × SP = ②XXX	능률차이 XXX	SQ × SP = ①XXX

① SQ에 SP를 곱하여 오른쪽 줄 금액을 구한다.
② 오른쪽 줄 금액에서 능률차이를 반영하여 가운데 줄 금액을 구한다.
③ 가운데 줄 금액을 SP로 나누어 AQ를 구한다.
④ 가운데 줄 금액에서 임률차이를 반영하여 왼쪽 줄 금액을 구한다.
⑤ 왼쪽 줄 금액을 ③에서 구한 AQ로 나누어 AP를 구한다.

4 고정제조간접원가 차이분석

	왼쪽 줄		가운데 줄		오른쪽 줄
고정OH	실제 발생액	예산차이	고정OH 예산액	조업도차이	SQ × SP

STEP 1 왼쪽 줄 채우기: 실제 발생액

문제에서 실제 발생액을 제시해주는 경우 그 금액을 왼쪽 줄에 채워 넣으면 됨

STEP 2 가운데 줄 채우기: 예산액

(1) 문제에서 예산액을 제시해주는 경우

문제에서 제시한 고정OH 예산을 가운데 줄에 채워 넣으면 됨

(2) 문제에서 예산액을 제시해주지 않는 경우

> 고정OH 예산 = SP*기준조업도

STEP 3 오른쪽 줄 채우기: 배부액 계산하기

(1) SP(시간당 고정OH) = 고정OH 예산 ÷ 기준조업도

(2) SQ = 실제생산량 × 단위당 표준 투입시간

STEP 4 차이 계산하기

(1) 예산차이

> 예산차이 = 고정OH 실제발생액 − 고정OH 예산액

(2) 조업도차이

> 조업도차이 = <u>예산액</u> − SP × SQ = SP × (기준조업도 − SQ)
> SP × 기준조업도

CHAPTER 09 개별원가

1 개별원가의 개념

작업별 제품이 이질적인 경우 각 작업별로 원가를 집계하는 계산방법 (↔종합원가) 예 조선업

2 실제개별원가계산

|작업원가표|

	#101	#102	합계
DM DL OH	실제 발생액 실제 발생액 배부기준에 따라 배부	실제 발생액 실제 발생액 배부기준에 따라 배부	XXX XXX 실제 발생액
계	XXX	XXX	

1. DM, DL: 실제 발생액

2. OH: 배부기준에 따라 배부

(1) 제조간접원가 배부율 = 제조간접원가 실제 발생액 ÷ 총 실제 배부기준 수

(2) 작업별 제조간접원가 배부액 = 제조간접원가 배부율*작업별 실제 배부기준 수

3. 작업원가표에서 미완성된 작업, 완성된 작업, 판매된 작업의 의미

미완성된 작업	기말 재공품
완성된 작업	당기제품제조원가. 완성된 작업 중 판매된 작업을 제외하면 기말 제품
판매된 작업	매출원가

3 정상개별원가계산 ★중요!

1. 정상개별원가 풀이법

STEP 1 제조간접원가 예정 배부율 = 예정 제조간접원가 ÷ 예정(기준) 조업도

- 문제에서 예정 배부율을 직접 제시하는 경우에는 바로 이용

STEP 2 제조간접원가 배부액=실제 조업도 × 예정 배부율

배부액을 계산할 때에는 '예정(기준)' 조업도를 곱하는 것이 아니라, **실제 조업도를 곱해야 함!**

STEP 3 배부차이 = 배부액 − 실제 제조간접원가

(1) 배부액 〉 실제 발생액: 과대 배부

(2) 배부액 〈 실제 발생액: 과소 배부

STEP 4 배부차이 조정

(1) **매출원가 조정법**: 배부차이를 전부 **매출원가**에 반영

(2) 총원가비례법 vs 원가요소법 심화

총원가비례법	원가요소법
배부차이를 재공품, 제품, 매출원가에 집계된 **총원가의 비율**에 따라 반영.	배부차이를 재공품, 제품, 매출원가에 집계된 **제조간접원가의 비율**에 따라 반영.
실제원가계산을 적용한 것과 '유사한' 결과	실제원가계산을 적용한 것과 '동일한' 결과

① 총원가 비례법

	#101	#102	#103	합계
직접재료원가	₩13,000	₩6,000	₩1,000	₩20,000
직접노무원가	₩8,000	₩6,000	₩6,000	₩20,000
제조간접원가	₩4,000	₩3,000	₩3,000	₩10,000
조정 전	**₩25,000**	**₩15,000**	**₩10,000**	**₩50,000**
배부차이	2,500	1,500	1,000	5,000 과소배부
조정 후	27,500	16,500	11,000	55,000

② 원가요소법

	#101	#102	#103	합계
직접재료원가	₩13,000	₩6,000	₩1,000	₩20,000
직접노무원가	₩8,000	₩6,000	₩6,000	₩20,000
제조간접원가	₩4,000	₩3,000	₩3,000	₩10,000
조정 전	₩25,000	₩15,000	₩10,000	₩50,000
배부차이	2,000	1,500	1,500	5,000 과소배부
조정 후	27,000	16,500	11,500	55,000

STEP 5 배부차이 조정 회계처리

(1) 과소배부: OH 차변 잔액, 대변 제거

(차) 재공품	XXX	(대) 제조간접원가	배부차이
제품	XXX		
매출원가	XXX		

(2) 과대배부: OH 대변 잔액, 차변 제거

(차) 제조간접원가	XXX	(대) 재공품	XXX
		제품	XXX
		매출원가	XXX

CHAPTER 10 활동기준원가

1 활동기준원가

원가를 활동별로 집계한 뒤, 각 제품이 소비한 활동량에 따라 원가를 배부하는 계산방식

'활동은 자원을 소비하고, 제품은 활동을 소비한다.'

STEP 1 활동별 원가 배부율 = 활동별 원가 ÷ 전체 원가 동인 수

STEP 2 제품별 원가 배부액=활동별 원가 배부율 × 제품별 원가 동인 수

김수석의 꿀팁! ABC 빠른 계산법

제품별 원가 배부액 = 활동별 원가 × 제품별 원가 동인 수/전체 원가 동인 수

2 활동기준원가의 특징: 고성능, 고비용

(1) 장점: 원가계산 정확성이 높음

(2) 단점: 많은 시간과 비용 소요

(3) 다품종 소량 생산을 할수록 ABC 도입의 실익이 커짐

CHAPTER 11

기타 관리회계

1 관련원가

• 관련원가: 고려하는 대안 간 차이가 나는 원가로, **특정 의사결정과 관련이 있는 원가**

1. 기회원가(= 기회비용)

• 특정 대안을 선택하기 위해 포기해야 하는 순이익 중 가장 큰 것
• 의사결정 시 고려하는 관련원가에 해당

2. 매몰원가(= 매몰비용)

• 현재 의사결정과 무관하게 과거에 이미 발생한 비용
• 매몰원가는 비관련원가에 해당

3. 특별주문 풀이법

특별주문의 공헌이익	특별주문량 × 특별주문의 **단위당 공헌이익**
- 고정원가 변화	**고정원가** 증가액
- 기회비용	기존 주문 감소량 × 기존 주문의 **단위당 공헌이익**
증분이익	XXX 〉0 : 특별주문 수락

기존 주문 감소량 = 기존 주문량 + 특별주문량 - 최대생산능력

2 성과평가

1. 균형성과표(BSC, Balanced Score Card)

전통적으로 중시하던 재무적 관점 외에 세 가지 비재무적 관점을 추가하여 균형 잡힌 성과평가를 하는 방법

(1) 균형성과표의 네 가지 관점

균형성과표는 재무적 관점뿐 아니라 다양한 관점을 고려한다!

① 재무적 관점
② 고객 관점
③ 내부프로세스 관점
④ 학습과 성장 관점

(2) 균형성과표의 특징

'균형성과표는 여러 가지 요소들을 종합적으로 고려한다.'라는 점만 기억하고 넘어가자.

① 재무적 관점 - 비재무적 관점 간의 균형
② 단기적 성과 - 장기적 성과 간의 균형
③ 객관적 측정치 - 주관적 측정치 간의 균형
④ 외부 성과지표 - 내부 성과지표 간의 균형

2. 투자수익률(ROI, Return On Investment)

ROI = 이익/투자액
투자안의 ROI 〉 목표 수익률: 채택
투자안의 ROI 〈 목표 수익률: 기각

수석 합격의 핵심 비법!
무한 반복 학습을 도와줄
획기적인 요약서

김 용 재

코어 공무원 회계학

요 약 노 트

P·A·R·T

03

정부회계

Chapter 01. 정부회계
Chapter 02. 정부회계 총칙
Chapter 03. 재정운영표 및 순자산변동표
Chapter 04. 재정상태표
Chapter 05. 자산과 부채의 평가
Chapter 06. 기타 재무제표 및 결산절차

CHAPTER 01

정부회계

1 정부회계의 특징

1. 기업회계 vs 정부회계

	기업회계	정부회계
복식부기 vs 단식부기	복식부기	단식부기 위주 (복식부기도 사용!)
순자산		주주의 잔여재산 청구권 개념 X 배당의 재원 X
이익	좋은 것	나쁠 수도 있음 ('이익 = 0'이 제일 좋음)

2 정부회계의 목적

국가회계	지자체회계
재무보고책임: F/S 보고 **운영관리책임**: 잘 운영 수탁관리책임: 규정 준수	재무보고책임: F/S 보고 **기간간의 형평성**: 수익 - 비용 대응 수탁관리책임: 규정 준수

• '기간간의 형평성'은 지자체회계에만 적용

3 정부회계기준의 체계

1. 국가회계 관련 법령

(1) 국가회계법: 국가회계기준의 근거 법령

① 다른 법률에 우선하여 적용

② 회계연도: 1.1~12.31

③ 국가회계기준의 근거

"국가의 재정활동에서 발생하는 경제적 거래 등을 발생 사실에 따라 복식부기 방식으로 회계처리하는 데에 필요한 기준(국가회계기준)은 기획재정부령으로 정한다."

(2) 국가회계기준에 관한 규칙

① 제정: 국가회계법 - 기재부

② 적용범위: 기재부 장관, GAAP

규칙에서 정하는 것 외에 대해서는 일반적으로 인정되는 회계원칙과 일반적으로 공정하고 타당하다고 인정되는 회계관습에 따른다.

2. 지자체회계 관련 법령

- 소관 부서(기재부 - 행안부)를 제외하고는 국가회계와 동일

CHAPTER 02 정부회계 총칙

1 일반원칙(국가 = 지자체)

국가 및 지자체의 회계처리는 복식부기 · 발생주의의 방식으로 하며, 다음의 원칙에 따라 이루어짐

공정한 회계처리	회계처리는 신뢰할 수 있도록 객관적인 자료와 증거에 따라 공정하게 이루어져야 한다.
이해가능성	재무제표의 양식, 과목 및 회계용어는 이해하기 쉽도록 간단명료하게 표시하여야 한다.
충분성	중요한 회계방침, 회계처리기준, 과목 및 금액에 관하여는 그 내용을 재무제표에 충분히 표시하여야 한다.
계속성	회계처리에 관한 기준 및 추정(推定)은 기간별 비교가 가능하도록 기간마다 계속하여 적용하고 정당한 사유 없이 변경해서는 아니 된다.
중요성	회계처리와 재무제표 작성을 위한 계정과목과 금액은 그 중요성에 따라 실용적인 방법으로 결정하여야 한다.
실질 반영	회계처리는 거래 사실과 경제적 실질을 반영할 수 있어야 한다.

2 정부회계의 재무제표

: 국가회계에는 현금흐름표 포함 X

기업회계	국가회계	지자체회계
재무상태표 (B/S) 포괄손익계산서 (I/S) 자본변동표 현금흐름표 주석	재정상태표 재정운영표 순자산변동표 X 주석	재정상태표 재정운영표 순자산변동표 현금흐름표 주석

3 재무제표의 작성원칙

비교표시	재무제표는 해당 회계연도분과 직전 회계연도분을 비교하는 형식으로 작성한다.
계속성의 원칙	비교하는 형식으로 작성되는 두 회계연도의 재무제표는 계속성의 원칙에 따라 작성하며, 「국가회계법」에 따른 적용 범위, 회계정책 또는 이 규칙 등이 변경된 경우에는 그 내용을 주석으로 공시한다.
중요성	재무제표의 과목은 해당 항목의 중요성에 따라 별도의 과목으로 표시하거나 다른 과목으로 통합하여 표시할 수 있다.
내부거래 상계	재무제표를 통합하여 작성할 경우 내부거래는 상계하여 작성한다.
출납정리기한	출납정리기한(~X2.1.20) 중에 발생하는 거래에 대한 회계처리는 **해당 회계연도**에 발생한 거래로 본다. (↔차기 회계연도)

4 국가회계의 체계

구분	재무제표
3단계: 국가	국가 재무제표
2단계: 중앙관서	기재부, 국방부 등 국가 부처의 재무제표
1단계: 국가회계실체	일반회계, 특별회계, 기금의 재무제표

1. 국가 재무제표의 작성 과정

국가회계실체 F/S — 합산 → 중앙관서 F/S — 합산 → 국가 F/S

(1) 내부거래 제거: 재무제표를 합칠 때 제거하는 것

(2) 중앙관서 재무제표 작성

국가회계실체 재무제표를 각 중앙관서별로 통합한 후, 국가회계실체 간 내부거래를 제거

(3) 국가 재무제표 작성

중앙관서 재무제표를 대한민국 정부로 통합한 후, 중앙관서 간 내부거래를 제거

김수석의 핵심 콕! **국가 재무제표 작성 시 내부거래 제거**

: 상위 단계 재무제표 작성 시 **하위 단계** 내부거래 제거! 중요!

5 국가회계실체의 분류 ★중요!

	일반회계	특별회계		기금
		기타특별	기업특별	
구분	행정형 회계		사업형 회계	
세입세출예산 통제	O			X

1. 일반회계	그냥 받음, 목적 제한 X
2. 특별회계	그냥 받음, 목적 제한 O (1) 기업특별회계: 4가지 특별회계 (2) 기타특별회계: 특별회계 중 기업특별회계에 속하지 않은 나머지 특별회계
3. 기금	일하고 받음, 목적 제한 X 국가회계실체 중 유일하게 **세입세출예산 통제 X**

4. 행정형 회계 vs 사업형 회계

구분	회계실체	비교환수익 처리 방법
행정형	기타특별회계, 일반회계	재정운영표에 비교환수익 표시 X **순자산변동표에 '재원의 조달'로 기록**
사업형	기업특별회계, 기금	재정운영표에 비교환수익 표시 O

6 지자체회계의 체계

구분	재무제표
3단계: 통합 회계실체	지방자치단체 재무제표
2단계: 유형별 회계실체	일반회계, 특별회계, 기금의 재무제표
1단계: 개별 회계실체	일반회계, 특별회계, 기금의 **개별** 재무제표

1. 통합 회계실체

- 유형별 회계실체의 재무제표를 모두 통합하여 재무제표를 작성하는 단위.

2. 유형별 회계실체

- 개별 회계실체를 그 성격이나 특성에 따라 유형별로 구분한 것
- 일반회계 · 기타특별회계 · 기금회계 및 지방공기업특별회계
  : 국가회계의 기업특별회계가 지자체회계에서는 '지방공'기업특별회계로 대체
- 행정형 회계/사업형 회계로 분류

3. 개별 회계실체

- 일반회계 및 특별회계와 기금으로서 재무제표를 작성하는 최소 단위

4. 국가회계의 체계 vs 지자체회계의 체계

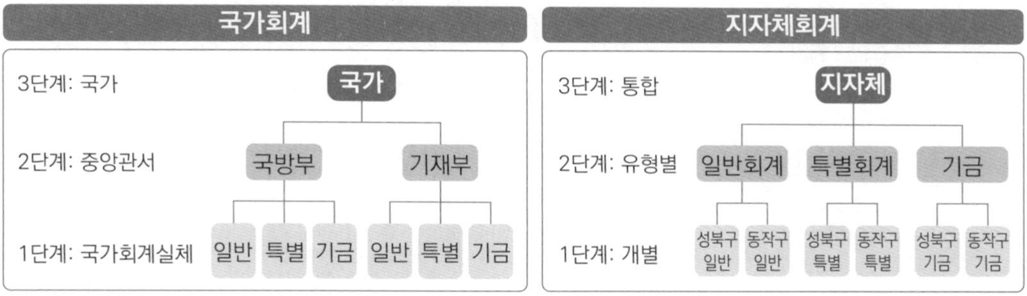

(1) 국가회계: 중앙관서별 통합

(2) 지자체회계: 유형별 통합

5. 지자체 재무제표의 작성 과정 중요!

구분	내부거래 상계
지방자치단체의 재무제표 (3단계)	(모든) 내부거래 상계 O
유형별 회계실체의 재무제표 (2단계)	유형별 회계실체 '안'의 내부거래 상계 O
개별 회계실체의 재무제표 (1단계)	내부거래 상계 X

CHAPTER

03 재정운영표 및 순자산변동표

1 재정운영표의 정의

회계연도 동안 수행한 정책 또는 사업의 원가와 재정운영에 따른 원가의 회수명세 등을 포함한 재정운영결과를 나타내는 재무제표 (≒기업회계의 포괄손익계산서)

2 중앙관서 및 기금의 재정운영표 ★중요!

프로그램총원가 **(−) 프로그램수익**	프로그램과 관련하여 직접 관련된 원가 프로그램과 관련하여 직접 관련된 수익
프로그램순원가 **(+) 관리운영비** **(+) 비배분비용** **(−) 비배분수익**	프로그램 수행을 지원하는 비용 프로그램에 직접 대응하기 어려운 비용 프로그램에 직접 대응하기 어려운 수익
재정운영순원가 **(−) 비교환수익**	대가성 없이 발생하는 수익 (국세, 기부금 등)
재정운영결과	

1. 재정운영표의 구조: 비용 - 수익 = 순원가

비용은 가산하고, 수익은 차감해야 함

2. 프로그램순원가

(1) 프로그램순원가의 계산

- 프로그램총원가 = 투입한 직접원가 + 배부받은 원가 - 배부한 원가
- 프로그램순원가 = 프로그램총원가 - 프로그램수익

"프로그램순원가는 프로그램을 수행하기 위하여 투입한 원가 합계에서 다른 프로그램으로부터 배부받은 원가를 더하고, 다른 프로그램에 배부한 원가는 빼며 / 프로그램 수행과정에서 발생한 수익 등을 빼서 표시한다."

3. 재정운영순원가

재정운영순원가 = 프로그램순원가 + 관리운영비 + 비배분비용 - 비배분수익

(1) 관리운영비: 기관운영비와 같이 기관의 여러 정책이나 사업, 활동을 지원하는 비용
(2) 비배분비용: 국가회계실체에서 발생한 비용 중 프로그램에 대응되지 않는 비용
(3) 비배분수익: 국가회계실체에서 발생한 수익 중 프로그램에 대응되지 않는 수익

|계정 분류 사례| 비배분손익 vs 비교환수익

비배분손익	유형자산처분손익, 이자손익
비교환수익	부담금수익, 채무면제이익

• 기업회계에는 비교환수익에 해당하는 수익이 없음
• 기업회계에서 배운 수익이라면 비배분수익, 배우지 않은 수익이라면 비교환수익임

4. 재정운영결과 ★중요!

• **사업형 회계** : 재정운영결과 = 재정운영순원가 - **비교환수익**
• **행정형 회계** : 재정운영결과 = 재정운영순원가

5. 비교환수익: 3단계에서는 전부 재정운영표에 표시!

	2단계: 중앙관서 재무제표	3단계: 국가 재무제표
사업형 회계: 기업특별, 기금	재정운영표의 '비교환수익'	재정운영표의 '비교환수익'
행정형 회계: 기타특별, 일반회계	순자산변동표의 '재원의 조달 및 이전'	
국세수익	필수보충정보의 '국세징수활동표'	

(1) 사업형(재정운영표) VS 행정형(순자산변동표): 회계실체 언급이 없다면 사업형으로 볼 것
• 행정형 회계: 비교환수익을 순자산변동표의 재원의 조달 및 이전에 표시
→ 재정운영결과 = 재정운영순원가

(2) 국세수익: 국세징수활동표(필수보충정보)에 표시
• 중앙관서 수준(2단계): 필수보충정보 중 '국세징수활동표'에 기재
• 국가 재무제표(3단계): 재정운영표의 비교환수익에 표시

3 국가의 재정운영표

재정운영순원가
(-) 비교환수익
재정운영결과

1. 재정운영순원가: 재정운영순원가부터 출발!

- 국가의 재정운영표는 재정운영순원가부터 표시
- 재정운영순원가의 계산과정을 표시하지 않고, 재정운영순원가를 각 중앙관서별로 표시

2. 재정운영결과 = 재정운영순원가 – 비교환수익

- 재정운영결과는 재정운영순원가에서 비교환수익 등을 빼서 표시하며 내부거래는 제거

3. 비교환수익

1단계, 2단계	사업형 회계	재정운영표의 '비교환수익'
	행정형 회계	순자산변동표의 '재원의 조달 및 이전'
3단계 : 국가 재무제표		재정운영표의 '비교환수익' (순자산변동표 X)

- 행정형 회계의 비교환수익: 2단계까지는 순자산변동표에 표시하지만, 3단계 국가 재무제표로 통합되면서 재정운영표에 표시

4. 중앙관서의 재정운영표 vs 국가의 재정운영표

	중앙관서(2단계)	국가(3단계)
재정운영순원가	계산 과정 표시 (프로그램순원가부터 시작!)	값만 표시 (재정운영순원가부터 시작!)
비교환수익	국세수익 제외-'국세징수활동표'	국세수익 포함

- 국세수익: 2단계에서는 국세징수활동표에 표시, 3단계로 통합하면서 국가 재정운영표에 비교환수익으로 표시

5. 기능별 분류와 성질별 분류

기업회계	정부회계 (국가&지자체)
기능별 분류(=매출원가법)	기능별 분류
성격별 분류	성질별 분류
목적적합한 방법을 기업이 선택, 기능별 분류 시 성격별 정보 주석 공시	기능별로 분류 (강제), 성질별 분류는 **필수보충정보**에 보고

4 지자체회계의 재정운영표

1. 국가회계의 재정운영표 vs 지자체회계의 재정운영표

국가회계	지자체회계
프로그램총원가 (프로그램수익)	사업총원가 (사업수익)
프로그램순원가 관리운영비 비배분비용 (비배분수익)	사업순원가 관리운영비 비배분비용 (비배분수익)
재정운영순원가 **(비교환수익)**	재정운영순원가 **(일반수익)**
재정운영결과	재정운영결과

5 순자산변동표

1. 순자산의 구조

국가회계 : 기적순		지자체회계 : 고특일	
기본순자산 (잔여액)	순자산-적립금 및 잉여금 -순자산조정	일반순자산 (잔여액)	순자산-고정순자산-특정순자산
적립금 및 잉여금	이익잉여금	고정순자산	**고정**자산 투자액-관련 부채
순자산조정	OCI	특정순자산	재원의 목적이 **특정**된 순자산

(1) 국가회계

① 기본순자산
② 적립금 및 잉여금 (≒이익잉여금): 임의적립금, 전기이월잉여금, 재정운영결과 등 표시
③ 순자산조정 (≒기타포괄손익): 투자증권평가손익, 파생상품평가손익 및 기타 순자산의 증감 등

정부회계-순자산조정	기업회계-OCI
일반유형자산 및 사회기반시설 재평가손익	재평가잉여금
투자증권평가손익	FVOCI 금융자산 평가손익
연금충당부채의 보험수리적 손익	재측정요소 : 확정급여제도의 보험수리적 손익
파생상품평가손익	위험회피적립금
기타 순자산의 증감	N/A

(2) 지자체회계: 순자산조정(OCI) 없음!

- 고특일: 고정순자산, 특정순자산 및 일반순자산
- 지자체의 경우 공정가치 평가 규정이 없으므로 순자산조정 없음

2. 중앙관서 및 기금의 순자산변동표의 구조

	기본순자산	적립금 및 잉여금	순자산조정	합계
Ⅰ. 기초순자산	XXX	XXX	XXX	XXX
Ⅱ. 재정운영결과		(XXX)		(XXX)
Ⅲ. 재원의 조달 및 이전		XXX		XXX
Ⅳ. 조정항목	XXX	XXX	XXX	XXX
Ⅴ.기말순자산	XXX	XXX	XXX	XXX

(1) 재정운영결과: 적립금 및 잉여금에 누적, 순자산에서 차감!

(2) 재원의 조달 및 이전: 행정형 회계의 비교환수익, 무상이전거래

국가 재무제표로 통합 시

- 비교환수익: 국가 재정운영표에 표시
- 무상이전거래: 내부거래 제거로 제거
  → 국가 순자산변동표에 재원의 조달 및 이전 X!

(3) 조정항목

순자산의 증감을 초래하는 거래이나, 수익 또는 비용거래나 재원의 조달 및 이전 거래에 해당하지 않는 거래

6 수익의 구분 및 수익의 인식기준

1. 수익의 구분

(1) 교환수익: 재화나 용역을 제공한 대가로 발생하는 수익

(2) 비교환수익: 직접적인 반대급부 없이 발생하는 국세, 부담금, 기부금, 무상이전 및 제재금 등의 수익

2. 수익의 인식기준 ★중요!

(1) 교환수익 vs 비교환수익

교환수익 — **수익창출활동이 끝나고** 그 금액을 합리적으로 측정할 수 있을 때

비교환수익 — 수익에 대한 **청구권이 발생하고** 그 금액을 합리적으로 측정할 수 있을 때

- 교환수익은 대가성이 있으므로 수익창출활동이 있지만, 비교환수익은 대가성이 없으므로 별도 활동 없이 저절로 청구권이 발생한다고 기억

(2) 비교환수익의 유형별 수익 인식기준: 발생주의

- 현금주의가 아닌 발생주의를 따른다고 기억
- 현금이 납부된 만큼이 아니라 **'청구권이 발생할 때', '납부할 세액 전체'**를 수익으로 인식

신고 · 납부하는 방식의 국세	납세의무자가 세액을 **자진신고할 때**	(not 국가가 수납할 때)
정부가 부과하는 방식의 국세	국가가 고지하는 때	
원천징수하는 국세	원천징수의무자가 원천징수한 금액을 **신고 · 납부할 때** (not 원천징수의무자가 원천징수할 때)	
연부연납(年賦延納) 또는 분납	징수할 세금이 확정된 때에 그 **납부할 세액 전체** (not 납부하는 금액만)	
부담금수익, 기부금수익, 무상이전수입, 제재금수익	청구권 등이 확정된 때에 그 확정된 금액 (=비교환수익의 원칙)	
(예외) 벌금, 과료, 범칙금 또는 몰수품으로서 그 금액을 확정하기 어려운 경우	벌금, 과료 또는 범칙금이 납부되거나 몰수품이 처분된 때	

3. 비용의 인식기준 심화

(1) 재화나 용역의 제공 등 국가재정활동 수행을 위하여 자산이 감소하고 그 금액을 **합리적으로 측정할 수 있을 때** 또는 법령 등에 따라 지출에 대한 의무가 존재하고 그 금액을 **합리적으로 측정할 수 있을 때**

(2) 과거에 자산으로 인식한 자산의 미래 경제적 효익이 감소 또는 소멸하거나 자원의 지출 없이 부채가 발생 또는 증가한 것이 명백한 때

4. 지자체회계의 수익과 비용

(1) 수익과 비용의 정의: 관리전환 및 기부채납 제외!

- 회계 간의 재산 이관, 물품 소관의 전환, 기부채납은 수익 및 비용에 포함 X
- 순자산변동표에 순자산의 증감으로 표시

(2) 수익(≒국가회계의 비교환수익)의 종류

종류	설명	항목
자체조달수익	지방자체단체가 독자적인 권한과 징수를 통하여 조달한 수익	지방세수익, 경상세외수익, 임시세외수익
정부간이전수익	회계실체가 국가 또는 다른 지자체로부터 이전받은 수익	교부금수익, 보조금수익 등
기타수익	자체조달수익과 정부간이전수익으로 열거되지 않은 수익	전입금수익, 기부금수익 등

7 국고금회계

	일반회계	특별회계		기금	
		기타특별	기업특별	중앙관서장이 관리 O	중앙관서장이 관리 X
국고금	O				X
국고금 회계	O (행정형 회계)	X (사업형 회계)			

1. 국고금 및 국고금회계

(1) 국고금

- 일반회계, 특별회계 및 중앙관서의 장이 관리하는 기금이 보유하는 현금및현금성자산
  ↔ 국고금 X: 중앙관서의 장이 관리하지 않는 기금 ('현금 및 현금등가물'로 분류)

(2) 국고금회계

- 국고금회계: 국고로 불입되어 관리되는 수입, 지출 등을 회계처리 하기 위한 자금관리 회계
- 국고금회계의 대상: 행정형 회계인 일반회계와 기타특별회계
  ↔ 사업형 회계(기업특별회계 및 기금): 국고금회계 적용대상 X

(3) 국고금회계의 결산: 2단계 재무제표에 해당

- 국고금은 '2단계에 있는 여러 중앙관서 중 하나'라고 기억
- 2단계에서 독립하여 결산을 수행한 뒤, 3단계에서 다른 중앙관서 재무제표와 통합

2. 국고금회계의 회계처리

	중앙관서	국고금회계
중앙관서 → 국고금회계	(예금 / 수익) 국고이전지출 / 예금	예금/ 국고이전수입
국고금회계 → 중앙관서	예금 / 국고수입 (비용 / 예금)	세출예산지출액 / 예금

(1) 국가 재무제표 작성 시 국고금 이전거래 제거

- '국고이전지출 - 국고이전수입', '세출예산지출액 - 국고수입' 서로 상계제거

(2) 국고이전지출, 국고수입: 재원의 조달 및 이전 (비교환수익 X)

CHAPTER

04 재정상태표

1 재정상태표의 특징

1. 유동성 순서 배열법 강제 ★중요! (↔기업회계: 선택 가능)	자산과 부채는 유동성이 높은 항목부터 배열
2. 총액 표시 ★중요!	자산 항목과 부채 또는 순자산 항목을 상계함으로써 재정상태표에서 제외 X
3. 미결산항목의 정리 (지자체에만 존재)	미결산항목은 그 내용을 나타내는 적절한 과목으로 표시, 비망계정은 재정상태표에 표시 X

2 재정상태표의 구성요소

1. 자산의 정의: 공공서비스 (잠재력) or 경제적 효익

- 과거 사건의 결과로 현재 국가회계실체가 소유(실질적으로 소유하는 경우를 포함한다) 또는 통제하는 자원으로서, 미래에 공공서비스를 제공할 수 있거나 경제적 효익을 창출할 것으로 기대되는 자원

2. 부채 (국가 = 지자체)

3. 순자산 (국가 = 지자체): 자산에서 부채를 차감한 금액

3 자산, 부채의 인식기준

	국가회계	지자체회계
자산	'매우 높고' & 신뢰성 있게 측정	
부채		'거의 확실' & 신뢰성 있게 측정

※ 주의 기업회계: '높고' & 신뢰성 있게 측정

1. 유산자산과 국가안보자산의 표시 방법 ★중요!

	유산자산(= 관리책임자산)	국가안보자산
재정상태표	자산 X (신뢰성 있는 측정 불가)	자산으로 인식하지 '않을 수' 있음 (선택)
공시	필수보충정보	별도 장부에 기록 (외부에 공시 X)
사례	남산, 경복궁	전투기, 탱크

- '국가안보자산은 필수보충정보에 공시한다.': X (적에게 숨겨야 함)

4 국가회계와 지자체회계의 재정상태표 비교

	국가회계(6/4/3)	지자체회계(6/3/3)
자산	1. 유동자산 2. 투자자산 3. 일반유형자산 4. 사회기반시설 **5. 무형자산** 6. 기타 비유동자산	1. 유동자산 2. 투자자산 3. 일반유형자산 4. 사회기반시설 **5. 주민편의시설** 6. 기타 비유동자산
부채	1. 유동부채 2. 장기차입부채 **3. 장기충당부채** 4. 기타비유동부채	1. 유동부채 2. 장기차입부채 – 3. 기타비유동부채
순자산	1. 기본순자산 2. 적립금 및 잉여금 3. 순자산조정	1. 고정순자산 2. 특정순자산 3. 일반순자산

1. 자산

(1) 자산의 분류: 국가, 지자체 모두 6개!

(2) 무형자산: 지자체 X

(3) 주민편의시설: 국가 X (not '국민'편의시설)

(4) 유산자산: 재정상태표 상 자산 X

- 필수보충정보로 표시

2. 부채: 국가 4개, 지자체 3개

- 장기충당부채는 국가회계에만 표시

5 자산의 구성요소

유동자산	재정상태표일부터 1년 이내에 현금화되거나 사용될 것으로 예상되는 자산
투자자산	투자 또는 권리행사 등의 목적으로 보유하고 있는 자산
일반유형자산	고유한 **행정활동**에 1년 이상 **사용**할 목적으로 취득한 자산 예 토지, 건물, 구축물, 기계장치, 집기 · 비품 · 차량운반구, 전비품
사회기반시설	국가의 **기반**을 위하여 건설하고 그 효과가 장기간에 걸쳐 나타나는 자산 예 도로, 철도, 항만, 댐, 공항, 하천, 상수도
주민편의시설	주민이 사용: 주민의 편의를 위하여 1년 이상 반복적 또는 계속적으로 사용되는 자산 (국가 X) 예 **도서관, 주차장, 공원, 박물관 및 미술관**
무형자산	일정 기간 독점적 · 배타적으로 이용할 수 있는 권리인 자산 **(지자체 X)**
기타 비유동자산	위 자산에 해당하지 아니하는 나머지 자산

일반유형자산 vs 사회기반시설 vs 주민편의시설

	일반유형자산	사회기반시설	주민편의시설 (국가 B/S X)
사용 주체	정부가 사용	**같이** 사용 (대규모 인프라)	**주민이** 사용 (소규모 시설)
사례	건물, 차량운반구	도로, 공항	도서관, 주차장, 공원

6 부채의 구성요소

유동부채	재정상태표일부터 1년 이내에 상환하여야 하는 부채
장기차입부채	재정상태표일부터 1년 후에 만기가 되는 확정부채
장기충당부채	지출시기 또는 지출금액이 불확실한 부채 **(지자체 X)**
기타 비유동부채	위 부채에 해당하지 아니하는 나머지 부채

CHAPTER 05 자산과 부채의 평가

1 자산의 평가

1. 원칙: 취득원가

2. 예외: 공정가액 중요!

		국가회계	지자체회계
관리전환	무상	장부가액	회계 간의 재산 이관, 물품 소관의 전환: 장부가액
	유상	공정가액	
교환		공정가액	
기부채납		공정가액	
무주부동산		무주부동산: 공정가액	무상취득: 공정가액

3. 손상 (국가 = 지자체 = IFRS)

(1) 손상 기준금액: 회수가능액

(2) 손상차손: 재정운영순원가 (PL)

(3) 손상차손환입: 재정운영순원가 (PL)

- 한도: 해당 자산이 감액되지 아니하였을 경우의 장부가액

4. 대손: 국가, 지자체 모두 대손충당금을 설정한다는 것만 기억!

국가	지자체
미수채권, 장기대여금 또는 단기대여금은 신뢰성 있고 객관적인 기준에 따라 산출한 대손추산액을 대손충당금으로 설정하여 평가한다.	미수세금은 합리적이고 객관적인 기준에 따라 평가하여 대손충당금을 설정하고 이를 미수세금에서 차감하는 형식으로 표시하며, 대손충당금의 내역은 주석으로 공시한다. 미수세외 수입금, 단기대여금, 장기대여금 등에 대해서도 동일한 규정을 적용한다.

5. 유가증권의 평가 중요!

(1) 취득원가 = 매입가액 + 부대비용, **총평균법** 등 적용

(2) 평가: 지자체는 공정가액 평가 X

유가증권은 자산의 분류기준에 따라 단기투자증권과 장기투자증권으로 구분

	투자목적	이외
채무증권(채권)	공정가액	상각후취득원가 (AC)
지분증권(주식)		취득원가

- 평가차액: 투자증권의 장, 단기 구분 없이 평가차액을 전부 순자산조정으로 표시
- 지자체는 유가증권을 취득원가로 평가

김수석의 꿀팁! 정부회계에는 FVPL 금융자산이 없다!

유가증권의 취득부대비용을 매입가액에 가산, 평가손익은 순자산조정

(3) 손상: 재정운영순원가에 반영 (↔ 평가손익: 순자산조정)

6. 재고자산의 평가 중요!

(1) 취득원가 = 제조원가 또는 매입가액 + **부대비용**

(2) 원가흐름의 가정

원칙	선입선출법
예외	다른 방법을 적용하는 것이 보다 합리적이라고 인정되는 경우에는 개별법, 이동평균법 등을 적용하고 그 내용을 주석으로 표시

(3) 저가법 (= 기업회계): 지자체는 저가법 적용 X

원재료 외의 재고자산	순실현가능가액
원재료	현행대체원가

김수석의 꿀팁! 유가증권 vs 재고자산

	유가증권	재고자산
취득원가	매입가액 + 부대비용	
원가흐름의 가정	총평균법 등	선입선출법 (다른 방법 적용 시 주석 공시)

7. 압수품 및 몰수품의 평가: 지자체 X

화폐성자산	압류 또는 몰수 당시의 시장가격
비화폐성자산	압류 또는 몰수 당시의 감정가액 또는 공정가액

8. 일반유형자산 및 사회기반시설(+지자체: 주민편의시설)의 평가

(1) 취득원가 = 건설원가 또는 매입가액 + 부대비용

(2) 감가상각방법

국가	정액법 '등'을 적용
지자체	정액법을 원칙으로 함

(3) 사회기반시설 중 감가상각의 예외: 도로, 철도 등 ★중요!

- 사회기반시설 중 감가상각하지 않을 수 있는 예외가 있다는 것만 기억할 것

(4) 사용수익권: 자산 차감항목! (not 부채) ★중요!

(5) 재평가: 지자체 X

- 재평가: '오르면 OCI, 내려가면 PL, 상대방 것이 있다면 제거 후 초과분만 인식'(= 기업회계)
- 지자체: **지자체에는 순자산조정(OCI)이 없으므로 유형자산의 재평가 X**

(6) 취득 후 지출(= 기업회계)

- 자본적 지출: 자산의 증가
- 수익적 지출: 비용 처리

9. 무형자산의 평가(= 지자체)

(1) 취득원가 = 개발원가 or 매입가액 + 부대비용

(2) 상각: 정액법, 20년 초과 불가

- **정액법**에 따라 합리적인 기간동안 상각
- 상각기간은 법령이나 계약에서 정한 경우를 제외하고는 20년 초과 X

2 부채의 평가

1. 원칙(= 지자체): 만기상환가액 (not 현재가치, 상각후원가) ★중요!

2. 채권 · 채무의 현재가치에 따른 평가

(1) 현재가치 평가: 명목가액과 현재가치의 차이가 중요한 경우 현재가치 평가

(2) 유효이자율 상각: 국채 유통수익률, 재정운영순원가

- 현재가치는 유효이자율(or 국채 유통수익률)로 할인한 가액
- 지자체에서도 지방채 유통수익률이 아닌 국채 유통수익률 이용
- 현할차는 유효이자율로 상각하여 재정운영순원가에 반영

3. 국채 및 지방채의 평가 = 기업회계의 사채

(1) 최초 평가: 발행금액 - 발행비용

(2) 액면가액과 발행가액의 차이: 할인(할증)발행차금 계상

(3) 할인(할증)발행차금 환입: 유효이자율 상각 시 이자비용에 가산(차감)

4. 퇴직급여충당부채의 평가: 일시퇴직 가정, 공무원, (군인) 제외

	국가	지자체	기업회계
가정	일시퇴직 가정		보험수리적 가정
제외 대상	공무원, 군인 제외	공무원 제외	

- 국가회계는 지자체회계와 달리 퇴직급여충당부채 계산 시 군인도 제외

(1) 국가: 군인도 제외

- 공무원, 군인을 제외한 지급대상자가 일시에 퇴직할 경우 지급하여야 할 퇴직금으로 평가

(2) 지자체

- 지방 공무원을 제외한 무기계약근로자 등이 일시에 퇴직할 경우 지급하여야 할 퇴직금으로 평가

(3) 일시퇴직 가정 vs 보험수리적 가정

- 일시퇴직 가정: 현재 있는 근로자들이 전부 퇴직한다고 가정할 때 지급해야 하는 퇴직금
- 보험수리적 가정: 보험사에서 산출한 퇴직금 예상액
- 국가 및 지자체는 일시퇴직을 가정하여 퇴직급여충당부채를 평가함

5. 융자보조원가충당금과 보증충당부채의 평가: 충당금 설정&현재가치

- "융자보조원가충당금은 융자사업에서 발생한 융자금 원금과 추정 회수가능액의 현재가치와의 차액으로 평가한다."
- "보증충당부채는 보증약정 등에 따른 피보증인인 주채무자의 채무불이행에 따라 국가회계실체가 부담하게 될 추정 순현금유출액의 현재가치로 평가한다."

(1) 융자보조원가충당금: 충당금 설정

(2) 융자보조원가충당금, 보증충당부채: 현재가치 개념

6. 충당부채, 우발부채 및 우발자산 (기업≒국가≠지자체)

(1) 충당부채: 재정상태표에 계상

- 지출시기 또는 지출금액이 불확실한 부채

(2) 우발부채: 주석 공시

- 자원의 유출 가능성이 희박하지 않는 한 주석에 공시

(3) 우발자산: 주석 공시

- 자원의 유입 가능성이 매우 높은 경우 주석에 공시

김수석의 핵심콕! 불확실한 자산, 부채 – 기업회계와 정부회계의 비교

<table>
<tr><th rowspan="2">유출입가능성</th><th colspan="2">기업회계</th><th colspan="2">정부회계</th></tr>
<tr><th>부채</th><th>자산</th><th>부채</th><th>자산</th></tr>
<tr><td>매우 높다</td><td colspan="2"></td><td>충당부채(B/S)</td><td>우발자산(주석)</td></tr>
<tr><td>높다</td><td>충당부채(B/S)</td><td>우발자산(주석)</td><td rowspan="2">우발부채(주석)</td><td rowspan="3">X</td></tr>
<tr><td>높지 않다</td><td>우발부채(주석)</td><td rowspan="2">X</td></tr>
<tr><td>아주 낮다</td><td>X</td><td>X</td></tr>
</table>

- 기업회계와 정부회계 모두 자산 인식 요건>부채 인식 요건 (보수주의)
- 정부회계(매우 높은 경우)>기업회계(높은 경우)

(4) 우발상황 – 지자체: 재정상태표에 충당부채 계상X, 우발상황만 주석 공시

김수석의 핵심 콕! 우발상황 주석 공시 상황 요약

<table>
<tr><th>〈우발손실〉</th><th>신뢰성 있는 추정 O</th><th>신뢰성 있는 추정 X</th></tr>
<tr><td>발생 확실 O</td><td>재무제표에 반영</td><td rowspan="2">주석 공시</td></tr>
<tr><td>발생 확실 X</td><td></td></tr>
<tr><th>〈우발이익〉</th><th>신뢰성 있는 추정 O</th><th>신뢰성 있는 추정 X</th></tr>
<tr><td>발생 확실 O</td><td>주석 공시</td><td rowspan="2">X</td></tr>
<tr><td>발생 확실 X</td><td></td></tr>
</table>

3 기타 자산 및 부채의 평가

1. 외화자산 및 외화부채의 평가

<table>
<tr><th colspan="2"></th><th>환율</th><th>환율변동손익</th></tr>
<tr><td colspan="2">화폐성(= 지자체)</td><td>재정상태표일 환율</td><td>재정운영순원가 (PL)</td></tr>
<tr><td rowspan="2">비화폐성</td><td>FV 평가 X
(= 지자체)</td><td>취득일 환율</td><td>N/A (평가 X)</td></tr>
<tr><td>FV 평가 O</td><td>FV 평가일 환율</td><td>순자산조정 (OCI)
or 재정운영순원가 (PL)</td></tr>
</table>

(1) 화폐성 항목

재정상태표일 현재의 적절한 환율로 평가, 환율변동효과는 재정운영순원가에 반영한다.

(2) 비화폐성 항목

① 역사적원가로 측정하는 경우 (FV 평가 X): 자산, 부채를 인식한 당시의 환율로 평가

② 공정가액으로 측정하는 경우: 공정가액이 측정된 날의 환율로 평가

- 환율변동효과와 공정가치 변동효과를 구분하지 말고 평가손익별 구분 방법에 따라 전부 다 조정항목(OCI) 혹은 재정운영순원가(PL)에 반영
- "비화폐성 항목에서 발생한 손익을 조정항목에 반영하는 경우에는 그 손익에 포함된 환율변동효과도 해당 조정항목에 반영하고, 재정운영순원가에 반영하는 경우에는 그 손익에 포함된 환율변동효과도 해당 재정운영순원가에 반영한다."

③지자체와 비교: 자산, 부채를 인식한 당시의 환율로 평가, FV 평가 X (= 역사적원가 측정)

2. 리스에 따른 자산과 부채의 평가(= 지자체)

(1) 금융리스: 위험과 효익이 실질적으로 리스이용자에게 이전되는 리스

(차) 리스자산	XXX	(대) 리스부채	min[PV(리스료), FV]
	↓		↓
	감가상각		유효이자율 상각

- 이자율로 할인한 현재가치와 공정가치 중 낮은(not 높은) 금액을 리스부채로 계상한 후, 리스자산은 동액으로 계상

(2) 운용리스: 금융리스 외의 리스

- 리스료를 해당 회계연도의 비용으로 회계처리

3. 파생상품의 평가: 지자체는 규정 없음

(1) 평가: 공정가액

(2) 평가손익: 재정운영순원가(PL), 예외: 순자산조정(OCI)

- 현금흐름변동위험을 회피하는 계약의 평가손익은 순자산변동표의 조정항목으로 표시

4 회계변경과 오류수정 = 기업회계

회계변경	추정변경	전진법
	정책변경	소급법
오류수정		

1. 회계변경

(1) 정책변경: 소급법

- 회계정책의 변경에 따른 누적효과를 합리적으로 추정하기 어려운 경우: 전진법 가능

(2) 추정변경: 전진법

2. 오류수정: 소급법, 중요하지 않은 경우 전진법

CHAPTER

06 기타 재무제표 및 결산절차

1 기타 재무제표

1. 재무제표

2. 현금흐름표 (지자체에만 존재)

(1) 정의: 국가회계의 재무제표에는 현금흐름표 포함 X

(2) 현금흐름의 구분: 영업활동 X, 경상활동! ★중요!

- 지자체의 현금흐름은 경상활동, 투자활동 및 재무활동으로 구성
- 지자체에서는 영업활동이 아닌 경상활동으로 분류

(3) 현금흐름의 활동별 정의: 기업회계와 동일!

경상활동	지방자치단체의 행정서비스와 관련된 활동으로서 투자활동과 재무활동에 속하지 아니하는 거래
투자활동	자금의 융자와 회수, 장기투자증권 · 일반유형자산 · 주민편의시설 · 사회기반시설 및 무형자산의 취득과 처분 등
재무활동	자금의 차입과 상환, 지방채의 발행과 상환 등

(4) 현금흐름표의 작성기준: 기업회계와 동일!

① 현금흐름표의 형태: 기초 현금 + 순현금흐름 = 기말 현금

② 총액 및 순액 표시: 원칙은 총액, 예외적으로 순액 표시 가능

- 거래가 잦아 총금액이 크고 단기간에 만기가 도래하는 경우에는 순증감액으로 적을 수 있다.

③ 현금흐름이 없는 중요한 거래: 주석 공시

3. 주석: 국가와 지자체의 주석 공시 사항 암기 X

- 필수보충정보와 비교할 수 있게 대비

(1) 주석 공시 사항

국가회계	지자체회계
1. 중요한 회계처리방법 2. 장기차입부채 상환계획 3. 장기충당부채 4. 외화자산 및 외화부채 5. 우발사항 및 약정사항 6. 오류수정 및 회계정책변경 7. 순자산조정명세	1. 지방자치단체 회계실체간의 주요 거래내용 2. 타인을 위하여 제공하고 있는 담보보증의 내용 3. 천재지변, 중대한 사고, 파업, 화재 등에 관한 내용과 결과 4. 채무부담행위 및 보증채무부담행위의 종류와 구체적 내용 5. 무상사용허가권이 주어진 기부채납자산의 세부내용 6. 그 밖의 사항으로서 재무제표에 중대한 영향을 미치는 사항과 재무제표의 이해를 위하여 필요한 사항

2 재무제표의 부속서류 - 필수보충정보, 부속명세서

- 재무제표가 아님!

1. 필수보충정보

국가회계	지자체회계
1. **유산자산**의 종류, 수량 및 관리상태 2. 수익 · 비용 **성질별** 재정운영표 3. **국세징수활동표** 4. 총잉여금 · 재정운영결과조정표 5. 연금, 보험, 사회보험보고서	1. **관리책임자산** 2. 지방자치단체의 **성질별** 재정운영표 • 일반회계의 재정운영표 • 개별 회계실체의 재정운영표 3. 예산결산요약표 4. 예산회계와 기업회계의 차이에 대한 명세서

(1) 유산자산, 관리책임자산

- 신뢰성 있는 측정이 불가능하므로 자산으로 인식하지 아니하고 필수보충정보로 공시

(2) 성질별 재정운영표

- 기업회계: 기능별 분류와 성격별 분류 중 선택, 기능별 분류 시에만 성격별 정보 주석 공시
- 정부회계: 반드시 기능별 분류 적용, 성질별 분류는 주석이 아닌 필수보충정보에 보고

(3) 국세징수활동표

① 국세수익의 표시 방법: 2단계 - 국세징수활동표, 3단계 - 재정운영표의 비교환수익

김수석의 꿀팁! 재무제표에 영향을 주는지 여부

- 주석: 재무제표에 영향을 주는 정보
- 필수보충정보: 재무제표에 영향을 주지 않는 정보

2. 부속명세서: 회계기준에 내용 없음!

- 문제에서 문서가 나온다면 전부 주석이나 필수보충정보에 속하는 자료일 것임

3 결산과정

1. 결산보고서 및 결산서의 구성

결산보고서(국가회계)=결산서(지자체)

1. 결산개요
2. 세입·세출 결산
3. 재무제표 (주석 포함)
4. 성과보고서

2. 결산보고서(국가) 작성 및 제출 일정

Deadline	From	To
2월 말	각 중앙관서의 장	기획재정부장관
4.10	기획재정부장관 (+ 대통령 승인)	감사원
5.20	감사원	기획재정부장관
5.31	정부	국회

(1) **각 중앙관서의 장**은 회계연도마다 작성한 중앙관서 결산보고서를 다음 연도 **2월 말일**까지 **기획재정부장관**에게 제출하여야 한다.

(2) **기획재정부장관**은 회계연도마다 작성하여 **대통령의 승인**을 받은 국가결산보고서를 다음 연도 **4월 10일**까지 **감사원**에 제출하여야 한다.

(3) **감사원**은 제출된 국가결산보고서를 검사하고 그 보고서를 다음 연도 **5월 20일**까지 **기획재정부 장관**에게 송부하여야 한다.

(4) **정부**는 감사원의 검사를 거친 국가결산보고서를 다음 연도 **5월 31일**까지 **국회**에 제출하여야 한다.

김수석의 꿀팁! **결산보고서 제출 일정 암기법**

- 2월말과 마지막 5월말을 기억하고, 각각 40일씩 차이가 난다는 것을 기억하자.

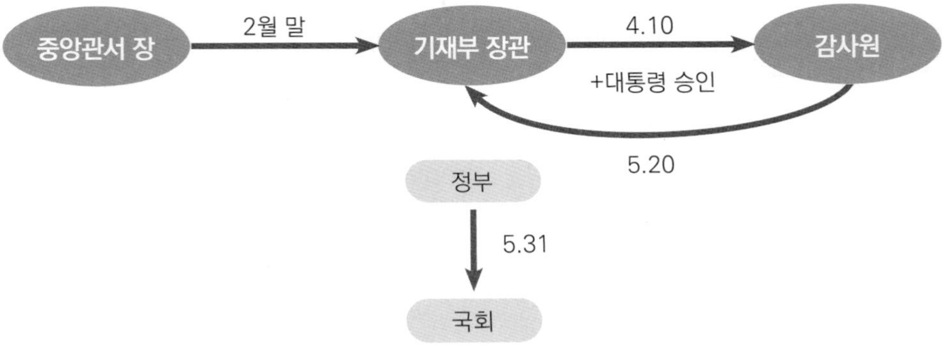

3. 결산서(지자체) 작성 및 제출 일정

Deadline	From	To
5.31	지방자치단체의 장 (+ 검사의견서, 성인지 결산서)	지방의회
+ 5일	지방자치단체의 장	행정안전부장관

(1) 지방자치단체의 장은 결산서를 작성하고, 지방의회가 선임한 검사위원의 검사의견서를 첨부하여 다음 회계연도 5월 31일까지 지방의회에 제출하여야 한다.

① 성인지 결산서: 정부회계 문제에서 등장하면 무조건 맞는 문장!

(2) 지방자치단체의 장은 지방의회에 결산 승인을 요청한 날로부터 5일 이내에 결산서를 행정안전부장관에게 제출하여야 한다.

4. 공인회계사의 의견 표명: 국가는 감사, 지자체는 검토 ★중요!